내려온 떡

일러두기 ● 이 책은 《요한복음 강해(제2집)》(1987)의 전면 개정판입니다.

         ● 이 책에서는 개역개정판 성경을 인용하였습니다.

         ● 성경을 인용할 때, 절의 전체를 인용할 경우에는 큰따옴표(" ")로,
           절의 일부를 인용할 경우에는 작은따옴표(' ')로 표기하였습니다.

         ● 본문에 《 》로 표기된 것은 도서를, 〈 〉로 표기된 것은 작품을 가리킵니다.

내려온 떡

2017년 10월 13일 초판 1쇄 인쇄
2017년 10월 27일 초판 1쇄 발행

지은이 박영선

기획 강선, 윤철규

편집 문선형, 정유진

디자인 조윤주

마케팅 강동현

경영지원 김내리

펴낸이 최태준

펴낸곳 남포교회출판부

주소 서울특별시 송파구 올림픽로 4길 17, A동 301호

홈페이지 www.facebook.com/lampbooks **전화** 02-420-3155 **팩스** 02-419-8997

등록 2014. 2. 21. 제2014-000020호

ISBN 979-11-875060-5-8 04230

ISBN 979-11-952368-9-3 04230 (세트)

이 도서의 국립중앙도서관 출판시도서목록(CIP)은
서지정보유통지원시스템 홈페이지(http://seoji.nl.go.kr)와
국가자료공동목록시스템(http://www.nl.go.kr/kolisnet)에서 이용하실 수 있습니다.
(CIP제어번호: CIP2017025478)

내려온 떡

JOHN 06-07

The bread that came down
from heaven

박영선 지음

남포교회출판부

이것은 하늘에서 내려온 떡이니…

이 떡을 먹는 자는 영원히 살리라 (요 6:58)

서문

이 설교집은 30년 전에 남포교회를 막 개척할 때 했던 요한복음 설교입니다. 설익은 시절 단 하나의 진심만을 붙잡았던 그때는 성경을, 기독교 신앙을 무엇이라고 이해하고 있었는지, 어떻게 살아야 한다고 성경 말씀을 들이댔는지 돌아보게 되었습니다.

신앙인들 각자마다 하나님의 부르심과 신앙을 확인하는 여정이 동일하거나 획일적일 수는 없지만 그 모든 고백과 감동은 오직 예수로 귀결됨을 실감합니다. 그래서 예수를 믿는 것, 알아 가는 것, 이해하는 것이 신앙의 진수이며 위대한 인생이라고 증언할 수 있게 되었습니다. 젊은 시절의 열정과 순진한 증언으로 이 사실을 전한 설교가 일흔을 바라보는 지금의 눈에는 신기하기만 합니다.

우리의 설명과 도전에는, 경험이 쌓이며 어떤 기술적 진전이 있었는지 몰라도 우리가 증언하는 구세주 예수는 오늘이나 내일이나 언제나 영원토록 동일하시다는 진리에 새삼스레 북받칩니다. 우리의 설명보다 우선하는 그의 성실과 자비와 사랑과 권능이 주권과 섭리로써 역사와 모든 인생에 함께하셨음을 봅니다. 그 거룩하심과 위대하심에 동참하라는 한결같은 성의와 사랑을 거듭 확인합니다. 기꺼이 모든 것을 바쳐 섬기며 기뻐하겠습니다.

박영선

《내려온 떡》을 펴내며

이 책은 박영선 목사가 요한복음 6, 7장을 강해 설교한 내용을 담고 있습니다. 요한복음 1장부터 3장까지의 설교를 담은 《위로부터》와 요한복음 4장과 5장 설교를 담은 《어찌하여》에 이어 세 번째로 출간된 책입니다.

이 책에서는 우리에게 익숙한 오병이어 사건 이야기가 여러 번 설교됩니다. 예수님이 보리떡 다섯 개와 물고기 두 마리로 많은 사람을 배불리 먹이신 이 사건을 흔히 예수님이 사람들을 믿게 하려고 일으키신 기적으로 이해하곤 합니다. 혹은 보리떡·다섯 개와 물고기 두 마리 같은 우리의 정성이라도 성심껏 바치면 예수님의 일에 도움이 된다는 점을 가르치는 사건으로 여기기도 합니다. 그런데 이 책은 오병이어 사건을 면밀히 살펴보면서 하나님과 기독교에 대해 더욱 풍성히 아는 기회를 열어 놓고 있습니다.

왜 예수님은 '보리떡 다섯 개와 물고기 두 마리'를 취하셔서 기적을 일으키셨을까요? 아무것 없는 데서도 얼마든지 기적을 일으키실 수 있는 분인데 말입니다. 예수님은 오병이어 사건을 통해 하나님뿐만이 아니라 우리 자신에 대해서도 가르쳐 주려고 하십니다. 오병이어의 기적을 경험한 사람들은 예수님을 자신들의 소원을 들어줄 존재로 생각하고 왕 삼으려고 했습니다. 그러나 그들에게 참으로 필요했던 것은 생명의 떡이었습니다. 그들은 오병이어에 담긴 참된 의미를 알게 되자 오히려 예수님을 떠나기 시작합니다. 예수님이 사람들에게 주신 양식은 무엇이며 사람들이 예수님에게 바라는 양식은 무엇일까요?

요한복음 7장은 초막절을 배경으로 시작됩니다. 초막절 중에 예수님이 성전까지 올라가셔서 유대인들과 논쟁을 벌이십니다. 초막절은 하나님이 이스라엘 백성에게 즐겁게 누리라고 주신 절기입니다. 왜 이 명절에 예수님은 사람들에게 불편한 일을 만드시는 것일까요? 또 '초막절'에는 어떤 의미가 있기에 요한복음 7장에서 일곱 번이나 반복되는 것일까요?

이 책은 우리가 요한복음을 읽다가 무심코 지나쳐 버린 많은 대목 속에 하나님의 계획과 일하심, 우리를 향한 사랑이 빼곡히 담겨 있음을 발견하도록 도와줍니다. 이 책을 따라가며 요한복음이 말하는 참된 신자의 모습과 우리에게 준비된 삶이 무엇인지 알아 가는 기쁨이 있기를 바랍니다.

남포교회출판부 드림

차례

01

생명의 떡으로
오신
예수님

5 예수께서 눈을 들어 큰 무리가 자기에게로 오는 것을 보시고 빌립에게 이르시되 우리가 어디서 떡을 사서 이 사람들을 먹이겠느냐 하시니 **6** 이렇게 말씀하심은 친히 어떻게 하실지를 아시고 빌립을 시험하고자 하심이라 **7** 빌립이 대답하되 각 사람으로 조금씩 받게 할지라도 이백 데나리온의 떡이 부족하리이다 **8** 제자 중 하나 곧 시몬 베드로의 형제 안드레가 예수께 여짜오되 **9** 여기 한 아이가 있어 보리떡 다섯 개와 물고기 두 마리를 가지고 있나이다 그러나 그것이 이 많은 사람에게 얼마나 되겠사옵나이까 **10** 예수께서 이르시되 이 사람들로 앉게 하라 하시니 그 곳에 잔디가 많은지라 사람들이 앉으니 수가 오천 명쯤 되더라 **11** 예수께서 떡을 가져 축사하신 후에 앉아 있는 자들에게 나눠 주시고 물고기도 그렇게 그들의 원대로 주시니라 **12** 그들이 배부른 후에 예수께서 제자들에게 이르시되 남은 조각을 거두고 버리는 것이 없게 하라 하시므로 **13** 이에 거두니 보리떡 다섯 개로 먹고 남은 조각이 열두 바구니에 찼더라 (요 6:5-13)

생명의 떡

오병이어 사건이 있고 나서 요한복음 6장은 전부 예수님의 떡에 대한 이야기로 채워집니다. 35절에서 예수님은 자신을 '생명의 떡'이라고 일컫습니다. "예수께서 이르시되 나는 생명의 떡이니 내게 오는 자는 결코 주리지 아니할 터이요 나를 믿는 자는 영원히 목마르지 아니하리라." 47절 이하에서도 같은 말씀을 하십니다. "진실로 진실로 너희에게 이르노니 믿는 자는 영생을 가졌나니 내가 곧 생명의 떡이니라." 더 나아가 53절 이하에서는 생명의 떡이신 예수의 살과 피를 먹고 마시지 않으면 생명이 없다고 하십니다. "예수께서 이르시되 내가 진실로 진실로 너희에게 이르노니 인자의 살을 먹지 아니하고 인자의 피를 마시지 아니하면 너희 속에 생명이 없느니라 내 살을 먹고 내 피를 마시는 자는 영생을 가졌고 마지막 날에 내가 그를 다시 살리리니." 오병이어 사건이 있고 나서 생명과 영생에 대한 말씀이 이어지는 것을 보면 이 사건이 다만 일용할 양식에 관한 이야기에 그치지 않는다는 점을 짐작할 수 있습니다. 이 사건은 '생명의 떡'이라는 주제로 나아가고 있습니다. 예수 그리스도가 속죄양으로 오셔서 우리를 위하여 대신 죽으시는 일에 대한 상징을 이 사건이 내포하고 있는 것입니다. 그러므로 오병이어 사건의 초점은 예수님이 기적을 일으키실 수 있는 분이라는 것을 보여 주는 데 있지 않습니다. 이 사건의 초점은 예수님이 십자가에 달려 살 찢기고 피 흘리셔야만 한다는 사실에 있습니다.

예수님이 자신을 생명의 떡으로 소개하시며 우리를 위해 자신의 살과 피를 주실 것을 알리고자 하신 점은 다른 복음서를 통해서도 확인해 볼 수 있습니다. 오병이어 사건은 사복음서에 모두 기록되어 있는데, 대표적으로 마태복음 14장을 보겠습니다. 마태복음은 조금 더 구체적으로 이 사건을 묘사합니다.

> 제자들이 이르되 여기 우리에게 있는 것은 떡 다섯 개와 물고기 두 마리뿐이니이다 이르시되 그것을 내게 가져오라 하시고 무리를 명하여 잔디 위에 앉히시고 떡 다섯 개와 물고기 두 마리를 가지사 하늘을 우러러 축사하시고 떡을 떼어 제자들에게 주시매 제자들이 무리에게 주니 다 배불리 먹고 남은 조각을 열두 바구니에 차게 거두었으며 먹은 사람은 여자와 어린이 외에 오천 명이나 되었더라 (마 14:17-21)

같은 사건을 다루고 있지만 마태복음은 예수님이 떡을 나누어 주시는 모습을 더 자세히 묘사하고 있습니다. 예수님이 '떡을 떼어'

제자들에게 주셨다고 기록되어 있는데 이 표현에 중요한 의미가 있습니다. 고린도전서 11장에서 그 의미를 확인해 봅시다.

> 내가 너희에게 전한 것은 주께 받은 것이니 곧 주 예수께서 잡히시던 밤에 떡을 가지사 축사하시고 떼어 이르시되 이것은 너희를 위하는 내 몸이니 이것을 행하여 나를 기념하라 하시고 식후에 또한 그와 같이 잔을 가지시고 이르시되 이 잔은 내 피로 세운 새 언약이니 이것을 행하여 마실 때마다 나를 기념하라 하셨으니 (고전 11:23-25)

이 말씀에서 바울은, 예수님이 잡히시던 밤에 제자들과 함께한 마지막 식사에서 떡과 잔을 나누며 당신을 기념하라고 하신 일을 언급하고 있습니다. 여기서 떡과 잔은 예수님의 살과 피를 상징합니다. 예수님은 당신의 몸을 상징하는 떡을 '떼어' 제자들에게 나누어 주십니다. 따라서 떡을 떼는 것은 예수님의 몸이 우리 때문에 상할 것을 의미합니다. 그냥 상하고 마는 정도가 아니라 죽기까지 하십니다. 우리가 성찬을 나눌 때 그냥 '떡'이라 하지 않고 '뗀 떡'이라고 하는 이유를 여기서 발견하게 됩니다.

　잔도 마찬가지입니다. '잔'은 우리를 대신해 죽으신 예수님의 '흘리신 피'를 상징합니다. 우리를 위하여 주시는 예수님의 살과 피는 결코 추상적이지 않습니다. 그분은 우리를 위하여 실제로 십자가에서 피 흘리시고 죽으셨습니다. '뗀 떡'과 '잔'은 '찢기신 몸'과 '흘리신 피'를 가리키는 상징으로 구체적이며 실제적입니다. 이런 이유로 성찬식에서도 그냥 '포도주'를 나눈다고 하지 않고 흘린 피를 담은 '잔'을 나눈다고 말하는 것입니다.

예수님은 오병이어의 기적을 일으키시면서 당신의 몸을 상징하는 '떡'을 떼어 나누어 주셨습니다. 떡을 나누어 주심으로써 인류의 죄를 담당하러 온 예수님의 대속 사역에 대한 메시지를 확실히 전달하신 것입니다.

구원의 필요를 모르는 사람들

오병이어 사건은 사람들이 예수님에게 무엇인가를 요구하여 일어난 기적이 아닙니다. 모여 있던 무리는 떡을 달라고 하지도 않았고, 더 나아가 영생에 관한 문제를 해결해 달라고 하지도 않았습니다. 그들이 예수님을 따라다녔던 것은 병이 낫는 등 일상생활에서 얻을 수 있는 이익 때문이었습니다. 24절을 봅시다.

> 무리가 거기에 예수도 안 계시고 제자들도 없음을 보고 곧 배들을 타고 예수를 찾으러 가버나움으로 가서 바다 건너편에서 만나 랍비여 언제 여기 오셨나이까 하니 예수께서 대답하여 이르시되 내가 진실로 진실로 너희에게 이르노니 너희가 나를 찾는 것은 표적을 본 까닭이 아니요 떡을 먹고 배부른 까닭이로다 (요 6:24-26)

그런 사람들에게 왜 생명의 양식을 주셨을까요? 그들은 구원에 대한 감각이 전혀 없어서 구원의 필요성도 깨닫지 못했습니다. 그런데 여기서 예수님이 우리의 구원을 위해 하신 일이 무엇인지 드러납니다. 구원의 필요를 모르는 사람들을 위해 예수님은 구원 얻으라고 말씀만 하신 것이 아니라 몸소 자신을 주어 그들을 구원하셨습니다.

기독교가 말하는 진리가 여기서 드러납니다. 우리는 구원의 필요성을 모르고 있습니다. 따라서 구원을 요구하지도 못합니다. 우리는 예수님을 만나도 무엇을 요구해야 하는지 모르는 사람들입니다. 우리는 자신이 어떤 상태인지 스스로 깨닫지 못합니다. 그것을 깨달은 사람은 이미 영적으로 거듭난 사람입니다. 거듭난 사람은 자신이 죄인인 것을 알고 하나님이 누구신지도 압니다. 그런데 우리는 그것을 모르기 때문에 구원을 구하지 못합니다. 그런 우리를 구원하시기 위해서는 예수님이 우리 대신 죽으시는 것 외에 다른 방법이 없었던 것입니다. 구원은 가르치고 이해시키고 설득할 문제가 아니기 때문에 예수님이 우리를 위하여 죽으실 수밖에 없었다고 복음서는 이야기합니다.

예수님은 자신을 떼어, 자신을 버려 우리를 위한 대속 제물이 되셔서 우리 죗값을 치르셨습니다. 우리를 하나님의 자녀가 되게 하려고 자신의 전부를 우리에게 주셔서 우리를 거듭나게 하여 비로소 우리가 하나님을 아버지라고 부를 수 있게 하신 것입니다.

우리가 예수를 믿기로 결심하거나 우리가 다른 사람보다 나아서 예수님이 찾아오신 것이 아닙니다. 그러니 내가 예수를 믿었기 때문에 남들보다 좀 더 나은 사람이 되었다고 생각하지 마십시오. 우리에게 변화된 점이 있기는 합니다. 하나님이 기뻐하시지 않는 삶을 살면 이상하게 마음에 걸린다는 것입니다. 그것 말고는 달라진 것이 없습니다. 마음에 걸린다고 해서 즉시 삶이 달라지는 것도 아닙니다. 그냥 마음이 불편한 채로 살아갑니다. 이제 우리에게 하나님에 대한 감각이 생겼기 때문입니다. 이것이 그리스도께서 우리를 대속해 주셨다는 확실한 증거입니다.

보잘것없는 모습

오병이어 사건이 상징하는 것은 예수님이 우리를 위해 그의 몸을 대속 제물로 주셨다는 것입니다. 예수님은 아무것도 없는 데서 양식을 만드시거나 처음부터 직접 양식을 가지고 오실 수도 있었을 텐데 왜 다른 사람의 손에서, 그것도 아이의 손에서 오병이어를 취하셨을까요? 왜 오병이어를 한 아이가 가지고 나오게 하셨을까요? 그 이유를 생각해 봅시다. 당시 어린아이는 보잘것없는 존재로 취급되기 일쑤였습니다. 그런 아이에게서 변변찮은 양식을 받음으로써 예수님은 당신을 세상에 보잘것없는 모습으로 드러내신 것입니다. 이 부분을 이해하기 위해 오병이어 사건의 시작이 어떻게 기록되어 있는지 살펴봅시다. 예수님이 처음부터 이 사건을 용의주도하게 이끌어 가시는 것처럼 보입니다.

> 예수께서 눈을 들어 큰 무리가 자기에게로 오는 것을 보시고 빌립에게 이르시되 우리가 어디서 떡을 사서 이 사람들을 먹이겠느냐 하시니 이렇게 말씀하심은 친히 어떻게 하실지를 아시고 빌립을 시험하고자 하심이라 빌립이 대답하되 각 사람으로 조금씩 받게 할지라도 이백 데나리온의 떡이 부족하리이다 (요 6:5-7)

각 사람에게 떡을 요기할 수 있을 만큼만 준다고 해도 이백 데나리온이 필요한 상황입니다. 당시 한 데나리온은 장정의 하루 품삯에 해당하는 돈인데, 장정이 이백 일 동안 일해야 받을 수 있는 돈으로 떡을 사도 조금씩밖에는 먹이지 못할 정도로 사람이 많습니다. 이 큰 무리가 배불리 먹으려면 얼마나 많은 양식이 필요한지 빌립은 상상조차 못합니다.

이렇게 많은 양식이 필요하다는 것이 전제된 다음에 오병이어가 나옵니다. 실제 필요한 양은 수천만 원어치 정도의 떡인데 고작 보리떡 다섯 개와 물고기 두 마리밖에 없는 것입니다. 비교 대상이 있으니 작은 것이 더 보잘것없어 보입니다. 이것이 오병이어가 등장한 이유입니다.

여기 한 아이가 있어 보리떡 다섯 개와 물고기 두 마리를 가지고 있나이다 그러나 그것이 이 많은 사람에게 얼마나 되겠사옵나이까 (요 6:9)

이런 상황에서 이적이 일어납니다. 오병이어로 무리 전체가 배불리 먹었습니다. 사람들을 배불리 먹이는 일은 불가능하다는 대화가 오간 후에 일어난 일입니다.

예수께서 떡을 가져 축사하신 후에 앉아 있는 자들에게 나눠 주시고 물고기도 그렇게 그들의 원대로 주시니라 그들이 배부른 후에 예수께서 제자들에게 이르시되 남은 조각을 거두고 버리는 것이 없게 하라 하시므로 이에 거두니 보리떡 다섯 개로 먹고 남은 조

예수님이 먹을 것을 그들의 '원대로' 주셨습니다. 모두 배불리 먹고 난 후 남은 것을 거두니 열 두 바구니가 넘었습니다.

이 일에 무슨 뜻이 담겨 있는 것일까요? 수천 명 분의 떡이 필요한 사람들 앞에 예수님은 보리떡 다섯 개와 물고기 두 마리처럼 보잘것없는 모습으로 서 계십니다. 그러니 아무도 예수님을 그들이 만족할 만큼 주실 수 있는 분으로 보지 않습니다. 하지만 예수님은 실제로 그렇게 하시는 분이고 그렇게 하기 위해 오신 분입니다. 이것이 오병이어 기적에 담긴 메시지입니다.

마찬가지로 이 사건은 우리가 예수 그리스도의 뒤를 좇아 그의 사역에 동참할 때에 어떤 대접을 받게 될 것인지를 알려 줍니다. 우리가 가진 진리와 권세와 생명은 세상에서 대접받지 못합니다. 복음은 세상의 인정을 등에 업고 전파되는 것이 아니라 예수 그리스도가 먼저 그 길을 걸어 우리에게 보이신 것같이, 우리도 우리 몸을 복종하여 한 알의 썩는 밀알이 되어서 증거하는 것입니다.

예수를 믿게 된 것으로 사람들에게 어떤 대접을 받을 것이라고 생각합니까? 우리에게 있는 진리와 생명과 권세로 세상에서 잘난 척할 수 있을 것이라고 생각합니까? 성경은 결코 그럴 수 없다고 합니다.

자기가 하늘에서 내려온 떡이라 하시므로 유대인들이 예수에 대하여 수군거려 이르되 이는 요셉의 아들 예수가 아니냐 그 부모를 우리가 아는데 자기가 지금 어찌하여 하늘에서 내려왔다 하느냐 (요 6:41–42)

'그 부모를 안다'는 말은 그 사람을 속속들이 안다는 뜻입니다. 예수님이 보잘것없는 집안의 사람이라는 것을 우리가 다 아는데, 어떻게 하늘에서 내려왔다고 할 수 있냐는 말입니다. 그런데 여기에 기독교의 진리가 있습니다.

생명의 떡을 나누어 줄 사람

오늘날 신자들은 자신이 기독교인이라는 사실에 자부심이 없습니다. 그러니 세상이 기독교에 대해 관심이 없는 것은 당연합니다. 그래서 우리는 점점 더 예수 믿는다는 것을 감추고 살며 스스로를 힘없는 사람으로 취급합니다. 우리만이 세상에서 유일하게 생명의 떡을 나누어 줄 수 있는 존재라는 사실을 잊고 삽니다. 물론 우리가 생명의 떡은 아닙니다. 우리는 다만 먹고 배부른 자들입니다. 그리고 이제 이 생명의 양식을 나누어 주는 자로 부름 받았습니다.

그런데 우리는 왜 이런 부름을 받았다는 사실을 알면서도 이 일을 거부할까요? 세상의 눈으로 보면 자신이 자랑스러워 보이지 않기 때문입니다. 자신이 이미 좋은 것을 가졌다고 여기지 않습니다. 또 우리야말로 진정한 승리자라는 사실을 깨닫지 못합니다. 예수님이 지는 길을 택하시고 죽는 길을 택하신 의도와 계획을 제대로 이해하지 못하기 때문입니다.

지금까지 예수 믿어 세상에서 무슨 이익을 얻었다고 생각합니까? 아무리 생각해도 이익이 없는 것 같습니다. 예수를 믿는다고 공부를 더 잘하게 되거나 연봉이 오르지도 않습니다. 세상이 높게 쳐 주는 것들을 누려 본 적도 없습니다. 성경은 그런 것을 약속하고 있지 않습니다.

우리는 영원을 준비하는 사람들입니다. 마치 고등학교 3학년 학생이 대학 입시를 위해 일 년 동안 고통을 감내하며 묵묵히 걸어가듯, 우리는 짧은 인생 동안 영원을 준비하며 살아갑니다. 수험생 중에 잠도 안 자고 열심히 공부하는 학생과 매일 놀기만 하는 학생 중 누가 더 당당하게 소망 속에 있는 것일까요.

죽음 이후의 세상이 있다는 것을 모르는 사람들에게는 인생이 몸부림칠 유일한 기회일지도 모릅니다. 그러나 그렇지 않다는 사실을 아는 우리가 그들과 똑같이 살고 있다면 얼마나 부끄러운 일입니까. 우리는 부름 받은 자로서 살아 계신 하나님을 알고, 우리를 위해 피 흘려 돌아가신 예수 그리스도를 압니다. 우리는 이 땅에서의 삶이 잠시뿐이라는 사실과 죽음 이후를 준비해야 한다는 것을 아는 사람들입니다.

그런데도 왜 이 세상이 전부인 듯 살고 있을까요? 세상에서 보란 듯이 살고 싶기 때문입니다. 세상에서 할 말이 있기를 바라기 때문입니다. 그러나 성경은 우리에게 벌어진 일이 세상에는 알려지지 않은, 아무도 관심 갖지 않는 일이라고 분명히 가르치고 있습니다.

우리가 전한 것을 누가 믿었느냐 여호와의 팔이 누구에게 나타났느냐 그는 주 앞에서 자라나기를 연한 순 같고 마른 땅에서 나온 뿌리 같아서 고운 모양도 없고 풍채도 없은즉 우리가 보기에 흠모할 만한 아름다운 것이 없도다 그는 멸시를 받아 사람들에게 버림받았으며 간고를 많이 겪었으며 질고를 아는 자라 마치 사람들이

그에게서 얼굴을 가리는 것 같이 멸시를 당하였고 우리도 그를 귀히 여기지 아니하였도다 (사 53:1-3)

우리가 하나님을 귀히 여기자 그분이 보답으로 우리에게 구원을 주신 것이 아닙니다. 우리는 그분을 원한 적도 없고 그분에게 관심을 둔 적도 없습니다. 그분이 먼저 우리를 위하여 자기 몸을 버려 우리를 구속하셨습니다. 그렇게 우리는 거듭났습니다. 이제 그분을 아는 우리는 그분이 가신 길을 따라갈 것을 요구받고 있습니다. 우리는 주님을 좇아야 합니다. 그런 차원에서 예수님이 전 생애에 걸쳐 하신 가장 중요한 일 중 하나는 사람들의 경멸과 모욕을 감수하는 것이었다는 사실을 기억해야 합니다. 요한복음에도 그 일이 기록되어 있습니다.

그 사람들이 예수께서 행하신 이 표적을 보고 말하되 이는 참으로 세상에 오실 그 선지자라 하더라 그러므로 예수께서 그들이 와서 자기를 억지로 붙들어 임금으로 삼으려는 줄 아시고 다시 혼자 산으로 떠나 가시니라 (요 6:14-15)

사람들은 예수님이 우리를 위해 죽으러 이 땅에 오신 것을 모르고 세상의 관점으로 그분을 보았습니다. 세상일을 해결하러 오신 해결사 정도로 여겼던 것입니다. 사람들은 예수님에게 영혼을 구원해 달라고 하지 않고, 세상에서의 욕구를 해결할 목적으로 그분을 임금 삼으려고 했습니다. 그래서 예수님은 사람들을 피해 혼자 산으로 가신 것입니다.

우리는 어떻습니까? 세상에서 임금처럼 살라고 부름 받은 것도 아닌데, 임금 정도는 되어야 일하겠다고 하지 않습니까? 그래야만 하나님 앞에 헌신할 것이 있고 봉사할 것이 있다고 우기고 있지는 않습니까? 물론 신앙의 첫걸음은 그렇게 미숙한 모습으로 시작될 수 있습니다. '아들만 낳게 해 주신다면 그 아들을 하나님에게 바치겠습니다.' '그린벨트만 해제되면 그 땅을 교회에 바치겠습니다.' 어차피 원래 내게 없었던 것이니 없는 셈 치겠다는 것입니다. 하나님에게 바친다고 생색내기도 좋고 원래 내 것이 아니었으니 없어져도 별 손해가 되지 않는 것만 드리겠다는 심보입니다. 우리는 이런 식으로밖에 하나님에게 바치지 않습니다. 원래 자기 것은 바치려고 하지 않습니다. 생살을 잘라서 내놓을 마음이 아예 없는 것입니다. 예수님은 그렇게 하지 않으셨습니다. 이것이 바로 오병이어 사건에 담긴 내용입니다. 자신을 떼어 우리에게 나누어 주시며, 필요도 모르고 요구하지도 않는 우리를 먹이시고 백성으로 삼으신 것입니다. 그렇게 우리는 배부르게 되었습니다. 이제 우리는 그리스도의 뒤를 이을 그분의 제자로 부름 받았습니다.

우리가 할 일은 무엇입니까? 한 번밖에 없는 인생을 그리스도를 위하여 썩는 밀알로 파묻혀 사는 일입니다. 우리에게 있으면 좋고 없어도 그만인 것 말고 바로 자기 자신을 파묻으십시오. 성경은 그것을 요구하고 있습니다. 예수 그리스도 한 분이 죽으심으로 온 인류가 배불렀고 오늘날도 그런 한 사람 때문에 우리 이웃들이 하나님 앞으로 돌아옵니다. 이 일을 하나님이 기뻐하신다는 사실을 잊지 마십시오. 우리는 오병이어 같은 존재입니다. 자신을 떼어 생명의 양식을 나누며 그리스도의 법을 성취하는 삶을 살기 바랍니다.

떡을 받아
나누어 주는
신자

5 예수께서 눈을 들어 큰 무리가 자기에게로 오는 것을 보시고 빌립에게 이르시되 우리가 어디서 떡을 사서 이 사람들을 먹이겠느냐 하시니 **6** 이렇게 말씀하심은 친히 어떻게 하실지를 아시고 빌립을 시험하고자 하심이라 **7** 빌립이 대답하되 각 사람으로 조금씩 받게 할지라도 이백 데나리온의 떡이 부족하리이다 **8** 제자 중 하나 곧 시몬 베드로의 형제 안드레가 예수께 여짜오되 **9** 여기 한 아이가 있어 보리떡 다섯 개와 물고기 두 마리를 가지고 있나이다 그러나 그것이 이 많은 사람에게 얼마나 되겠사옵나이까 **10** 예수께서 이르시되 이 사람들로 앉게 하라 하시니 그 곳에 잔디가 많은지라 사람들이 앉으니 수가 오천 명쯤 되더라 **11** 예수께서 떡을 가져 축사하신 후에 앉아 있는 자들에게 나눠 주시고 물고기도 그렇게 그들의 원대로 주시니라 **12** 그들이 배부른 후에 예수께서 제자들에게 이르시되 남은 조각을 거두고 버리는 것이 없게 하라 하시므로 **13** 이에 거두니 보리떡 다섯 개로 먹고 남은 조각이 열두 바구니에 찼더라 (요 6:5-13)

제자들

오병이어 사건은 예수님이 살 찢고 피 흘리셔서 우리를 대속하신 일을 상징합니다. 이 사건에서 기억해야 할 것은, 사람들은 그분에게 영의 양식을 기대하지도 않았고 구원을 기대하지도 않았다는 점입니다. 이번 장에서는 오병이어 사건에서 제자들이 어떤 역할을 맡고 있는지, 하나님은 그들을 통해 이 사건에 어떤 메시지를 담으시는지 살펴보겠습니다.

앞 장에서는 이 사건에 나온 보리떡 다섯 개와 물고기 두 마리가 보잘것없는 존재처럼 오신 예수 그리스도의 모습을 상징한다고 했습니다. 이번에는 오병이어가 제자들의 모습을 상징한다는 점을 이야기하려고 합니다. 이렇게 같은 대상을 다양한 관점에서 살펴볼 만한 충분한 근거가 있습니다. 복음서마다 오병이어 사건을 기술하는 방식이 조금 다른데, 마태복음 14장에서는 이 사건을 어떻게 기록하고 있는지 보겠습니다.

> 예수께서 나오사 큰 무리를 보시고 불쌍히 여기사 그 중에 있는 병자를 고쳐 주시니라 저녁이 되매 제자들이 나아와 이르되 이 곳은 빈 들이요 때도 이미 저물었으니 무리를 보내어 마을에 들어가 먹을 것을 사 먹게 하소서 예수께서 이르시되 갈 것 없다 너희가 먹을 것을 주라 제자들이 이르되 여기 우리에게 있는 것은 떡 다섯 개와 물고기 두 마리뿐이니이다 (마 14:14-17)

요한복음과 다르게 마태복음에서는 제자들이 먼저 예수님에게 말을 건넵니다. "저녁이 되었으니 사람들을 마을로 보내 각자 저녁 식사를 하게 합시다." 그러자 예수님은 "보낼 것 없다. 너희가 먹을 것을 주어라"라고 하십니다. 또 요한복음에서는 보리떡 다섯 개와 물고기 두 마리를 한 아이가 가져온 것이라고 기록되어 있는데, 마태복음에는 그 내용이 생략되어 있습니다. 아이에 대한 언급은 없이 제자들이 "우리에게 있는 것은 떡 다섯 개와 물고기 두 마리뿐입니다"라고 한 대답만 기록되어 있습니다. 요한복음은 마태복음과 동일한 사건을 다루지만 이야기를 조금 다르게 전개하고 있습니다. 다시 요한복음 6장을 봅시다.

> 예수께서 눈을 들어 큰 무리가 자기에게로 오는 것을 보시고 빌립에게 이르시되 우리가 어디서 떡을 사서 이 사람들을 먹이겠느냐 하시니 이렇게 말씀하심은 친히 어떻게 하실지를 아시고 빌립을 시험하고자 하심이라 (요 6:5-6)

요한복음에서는 예수님이 빌립에게 먼저 물어보십니다. "이들을 먹이려면 어떻게 하는 것이 좋겠느냐?" 이 문제를 어떻게 해결할지 다 아셨던 예수님이 일부러 물으신 것으로 보아 이 사건을 통해 제자들에게 가르치고 싶으신 것이 있는 것 같습니다. 빌립은 "모두 조금씩이라도 먹게 하려면 이백 데나리온어치의 떡으로도 부족합니다"라고 답합니다. 빌립의 대답으로 미루어 사람이 상당히 많다는 것을 알 수 있습니다. 한 데나리온은 당시 노동자의 하루 품삯에 해당하는 돈입니다. 오천 명이 겨우 요기라도 하게 하려면 한 사람이 이백 일 동안 일해야 받을 수 있는 정도의 돈이 있어도 부족할 것이라는 말입니다. 또 제자들은 "우리에게 있는 것이라고는 고작 보리떡 다섯 개와 물고기 두 마리뿐입니다"라고 대답합니다.

여기서 '비록 적은 것이라도 주께 드리면 주께서 그것을 사용하셔서 엄청난 일을 하신다'라는 간단한 교훈을 얻는 식으로 이 사건을 쉽게 이해하고 말면 안 됩니다. 그런 뜻이 전혀 없는 것은 아닙니다. 그러나 오병이어 사건에는 더 중요한 내용이 담겨 있습니다.

오병이어에서 생겨나는 기적과 아무것도 없는 데서 생겨나는 기적 중 어느 쪽이 더 기적 같습니까? 아무것도 없는 데서 일어난 기적이 훨씬 기적다울 것 같습니다. 물론 하나님은 아무것도 없는 데서 기적을 일으키실 수 있는 분입니다. 그럼에도 이 사건에서 하나님은 오병이어를 사용하십니다. 왜 오병이어를 등장시키셨을까요? 작은 무엇이라도 있어야 하나님이 일하실 수 있기 때문이 아닙니다. 여기서 오병이어가 등장한 것은 하나님이 하나님 나라와 복음 사역을 확장하는 일에 보잘것없는 우리를 사용하신다는 것을 나타내기 위해서입니다.

하나님의 복음 사역에서 우리가 가장 주목해야 하는 것은 사건 자체가 아닙니다. 아무리 놀랍고 대단한 사건이라고 해도 하나님이 하시는 일의 목적은 사건 자체가 아닌 사람에게 있습니다. 하나님은 한 사람 한 사람, 즉 인격체를 향해 그리고 그들을 위해 사건을 일으키시는 것입니다.

오병이어 사건에서도 하나님은 굳이 '제자들'을 등장하게 하여 그들에 대해 무엇인가를 가르쳐 주십니다. 여기서 제자들은 모든 신자를 대표합니다. 제자는 남다른 능력이나 지도력을 갖춘 사람이 아닙니다. 특별하지 않은 그들을 불러 하나님은 신자와 그 역할에 대해 가르쳐 주고 계십니다. 이것이 오병이어 사건에서 중요한 내용입니다.

하나님은 아무것도 없는 데서도 기적을 일으키실 수 있는 분인데 이 사건에서 오병이어를 사용하셨습니다. 왜 그러셨을까요? 한 가지 이유는 우리에게 필요한 것에 비해 우리가 가진 것이 얼마나 하찮은 것인지를 대비하여 우리 힘으로는 우리의 필요를 채울 수 없음을 보여 주시기 위해서이고, 또 다른 이유는 보잘것없는 오병이어지만 그것을 사용하신 것처럼 하나님이 변변찮은 우리도 하나님 나라를 확장하는 일에 사용하신다는 것을 나타내시기 위해서입니다. 이 점은 우리에게 참으로 희망이 됩니다. 요한복음 6장에서 이 점이 얼마나 강조되는지 다시 본문을 봅시다.

예수께서 눈을 들어 큰 무리가 자기에게로 오는 것을 보시고 빌립에게 이르시되 우리가 어디서 떡을 사서 이 사람들을 먹이겠느냐 하시니 이렇게 말씀하심은 친히 어떻게 하실지를 아시고 빌립을 시험하고자 하심이라 빌립이 대답하되 각 사람으로 조금씩 받게 할지라도 이백 데나리온의 떡이 부족하리이다 제자 중 하나 곧 시몬 베드로의 형제 안드레가 예수께 여짜오되 여기 한 아이가 있어 보리떡 다섯 개와 물고기 두 마리를 가지고 있나이다 그러나 그것이 이 많은 사람에게 얼마나 되겠사옵나이까 (요 6:5-9)

'그러나 그것이 이 많은 사람에게 얼마나 되겠사옵나이까'라는 마지막 구절을 눈여겨봅시다. 그리고 마태복음 14장을 봅시다. 오병이어에 대한 제자들의 태도가 여기에도 나옵니다.

예수께서 이르시되 갈 것 없다 너희가 먹을 것을 주라 제자들이 이르되 여기 우리에게 있는 것은 떡 다섯 개와 물고기 두 마리뿐이니이다 (마 14:16-17)

엄청나게 많은 양이 필요한데 가진 것은 떡 다섯 개와 물고기 두 마리뿐입니다. 그런데 예수님은 그 보잘것없는 것을 사용하십니다. 아무것도 없이 기적을 일으키실 수 있는 분이 떡 다섯 개와 물고기 두 마리를 받아 일하신 것입니다. 그것들을 받아 기도하시고 떼어 모인 무리에게 그들의 원대로 나누어 주십니다. 그러자 그 많은 사람들이 먹고 배부른 후에도 열두 광주리가 남았습니다.

이 기적을 통해 가장 큰 유익을 누린 사람은 아마 제자들일 것입니다. 오병이어 사건이 일어났을 때 그 기적을 눈으로 직접 확인할 수 있었던 사람은 많지 않았을 것이기 때문입니다. 어떻게 생겨난 음식인지 모른 채 먹은 사람들과 이 문제를 의논하며 걱정한 제자들은 매우 다른 경험을 했을 것입니다. 제자들은 이 사건을 통해 배만 부른 것이 아니라 사람들과 나누는 기쁨도 맛보고 기적도 가장 가까이에서 경험하는 유익을 누렸을 것입니다.

이렇게 이 사건을 따져 보는 이유는 하나님이 일하실 때 부르는 사람은 모두 제자들처럼 쓰임 받는다는 것을 이야기하기 위해서입니다. 그들이 부름 받은 것은 남다른 능력을 가져서가 아닙니다. 목사와 장로와 집사는 다른 사람들보다 나아서 직분을 맡은 것이 아닙니다. 신자는 다 동등한 사람들입니다. 굳이 다른 점을 찾자면 믿은 순서가 다를 뿐입니다. 먼저 믿었기 때문에 먼저 나누는 자가 된 것입니다. 먼저 예수 그리스도를 알았기 때문에 그분을 좇아 그분에게서 흘러나오는 양식을 먼저 먹고 배불러 그것을 나누어 주는 자가 된 것입니다. 그리고 나누어 준 그 양식을 먹은 자도 제자가 됩니다.

본문에서 제자들이 한 일은 무엇입니까? 그들은 자기가 가진 것을 꺼내 놓지도 않았고 가진 것으로 일하지도 않았습니다. 그들도 예수 그리스도에게서 양식을 공급받았는데, 그것이 너무 풍성하여 다른 사람들에게 넘겨주었을 뿐입니다. 받아서 넘겨주어 많은 사람이 배부르게 되었습니다. 그러니 나누어 준 사람이 받은 사람보다 더 뛰어나고 실력이 있다는 생각은 잘못된 것입니다.

받아서 누리는 자들

성경은 하나님의 하나님 되심과 하나님의 전능하심을 줄곧 강조합니다. 또 예수 믿는 자의 능력도 이야기합니다. 그러나 그 능력은 사람에게서 나오는 능력이 아니라 하나님이 함께하시는 데서 오는 능력이라는 점을 늘 강조합니다. 제자인 우리는 다만 그분의 능력을 누리고 증거할 뿐입니다. 우리는 받아서 누리고 나누는 자에 불과합니다. 오병이어 기적은 이 점을 잘 보여 주는 사건입니다. 자기와 함께한 제자들에게 허락된 지위와 권세에 대하여 예수님은 누가복음에서 이런 말씀을 하십니다.

> 너희는 나의 모든 시험 중에 항상 나와 함께 한 자들인즉 내 아버지께서 나라를 내게 맡기신 것 같이 나도 너희에게 맡겨 너희로 내 나라에 있어 내 상에서 먹고 마시며 또는 보좌에 앉아 이스라엘 열두 지파를 다스리게 하려 하노라 (눅 22:28-30)

제자들에게 엄청난 복을 말씀하십니다. 하나님 아버지께서 예수 그리스도에게 그 나라를 맡기신 것같이 이제 예수님이 제자들에게 그 나라를 맡기십니다. 사역의 책임만이 아니라 그로 인해 누릴 영광까지도 그들에게 복된 약속으로 주어집니다. 그런데 그다음에 이어지는 이야기는 좀 이상합니다.

> 시몬아, 시몬아, 보라 사탄이 너희를 밀 까부르듯 하려고 요구하였으나 그러나 내가 너를 위하여 네 믿음이 떨어지지 않기를 기도하

였노니 너는 돌이킨 후에 네 형제를 굳게 하라 그가 말하되 주여 내가 주와 함께 옥에도, 죽는 데에도 가기를 각오하였나이다 이르시되 베드로야 내가 네게 말하노니 오늘 닭 울기 전에 네가 세 번 나를 모른다고 부인하리라 하시니라 (눅 22:31-34)

앞에 나온 큰 복에 어울리지 않아 보이는 사건이 이어지고 있습니다. '오늘 닭 울기 전에 네가 세 번 나를 모른다고 부인하리라.' 예수님은 베드로가 부인할 것을 알고 계십니다. 그런데 그 일이 일어나지 않도록 미리 막아 주시기는커녕 오히려 비참할 정도로 베드로를 놔두십니다. 그러면서 한마디 덧붙이십니다. '너는 돌이킨 후에 네 형제를 굳게 하라.' 의미심장한 대목입니다.

베드로가 대사도가 되기 위해 겪어야 했던 가장 중요한 과정은 인간이 얼마나 한심한 존재인지를 뼈저리게 깨달은 일이었을 것입니다. 그가 사도가 되어 예수 그리스도의 능력을 전할 수 있었던 것은, 그 능력이 자기가 가진 보리떡 다섯 개와 물고기 두 마리에서 기인한 것이 아님을 확인했기 때문일 것입니다.

우리가 구약에서 위인으로 여기는 모세나 신약에서 최고 인물로 인정하는 바울도 마찬가지입니다. 그들이 남다른 면모를 가졌다고 여기는 것은 잘못된 생각입니다. 우리는 모세를 이야기할 때 '모세를 보라. 역시 남다른 데가 있다. 왕자로서 사십 년간 왕궁에서 정치, 군사, 경제, 사회에 관한 지식을 쌓고, 그다음 사십 년간은 미디안 광야에서 영적 훈련을 받았다. 그런 다음에야 이스라엘의 위대한 지도자로 서지 않았는가?'라고 합니다. 그러나 성경은 다르게 이야기합니다.

성경은 그가 바로의 왕궁에서 사십 년 동안 받은 교육과 훈련이 하나님의 일을 하는 데에는 아무런 도움이 되지 않았다고 합니다. 그는 자기 성질을 이기지 못하여 사람을 쳐 죽이고 도망했습니다. 나라를 구하기는커녕 애굽의 관원 하나 죽인 것이 사십 년 세월의 결론이었습니다. 그리고 미디안 광야에서 양 치는 자로 묻혀 살았습니다. 그 세월이 사십 년이니 그렇게 그는 여든이 됩니다.

모세 스스로도 아무런 희망이 보이지 않을 때 하나님이 그를 불러내십니다. 인간에게는 희망이 없어 보여도 하나님이 하려고 하시면 된다는 메시지가 모세를 부르신 이 사건에 담겨 있습니다. 모세는 자기가 짚고 다녔던 지팡이를 가지고 많은 역사를 이룹니다. 비록 지팡이라 할지라도 하나님이 그것을 들고 일하시면 못하실 일이 없음을 보여 주는 것입니다. 이것이 모세를 통해 확인할 수 있는 중요한 내용입니다.

사도 바울의 경우는 어떻습니까? 우리가 보기에 바울은 대사도가 되어서도 끝까지 겸손을 잃지 않은 것 같습니다. 바울이 자신을 '죄인 중에 내가 괴수'(딤전 1:15), '만삭되지 못하여 난 자'(고전 15:8)라고 표현한 말에서 그렇게 생각할 수 있습니다. 그러나 이 말은 겸손해서 하는 말이 아닙니다. 사도 바울이 하나님을 향하여 가졌던 열심은 스데반을 죽이는 데 동조한 것으로 나타납니다. 그가 하나님을 향하여 열심을 가지고 하나님 편을 들면서 한 일이 예수 그리스도를 핍박한 일이었습니다. 얼마나 까무러칠 만한 일입니까. 그래서 바울은 평생 자기에게는 자랑할 것이 없다는 사실을 아는 사람이 됩니다.

성경은 우리에게 자랑할 만한 것이 없다는 것을 누누이 강조합니다. '네가 가진 것이 무엇이냐? 네가 뭘 할 수 있단 말이냐? 네가 가진 것으로 하는 것이 아니다. 너는 다른 사람보다 조금도 나을 것이 없다'라고 성경은 늘 우리에게 경고합니다.

그렇다면 우리는 자신을 쓸모없는 존재로 여기며 좌절해 있어야 합니까? 그렇지 않습니다. 마태복음 28장에 나타난 약속은 우리에게 큰 격려가 됩니다.

> 예수를 뵈옵고 경배하나 아직도 의심하는 사람들이 있더라 예수께서 나아와 말씀하여 이르시되 하늘과 땅의 모든 권세를 내게 주셨으니 그러므로 너희는 가서 모든 민족을 제자로 삼아 아버지와 아들과 성령의 이름으로 세례를 베풀고 내가 너희에게 분부한 모든 것을 가르쳐 지키게 하라 볼지어다 내가 세상 끝날까지 너희와 항상 함께 있으리라 하시니라 (마 28:17-20)

부활하신 예수님이 하늘과 땅의 모든 권세를 가지고 우리를 보내십니다. 옛날 임금의 명령을 받아 전하는 사람은 그가 아무리 하찮은 존재여도 임금과 같은 대우를 받았습니다. 명령을 듣는 이는 아무리 직위가 높은 사람이어도 임금이 계신 곳을 향하여 무릎 꿇고 절한 다음에 두 손으로 그 명을 받았습니다. 그 장면만 보면 명령을 전하러 온 사람이 명령을 듣는 이보다 더 높아 보입니다. 이처럼 예수 그리스도께서 당신의 권위를 우리에게 부여하시며 우리를 보내십니다. 우리는 이 권세를 가진 자들입니다. 20절을 읽어 봅시다. '볼지어다 내가 세상 끝날까지 너희와 항상 함께 있으리라 하시니라.'

그러니 걱정하지 말라고 하십니다. 우리에게는 낮아짐이 요구되는 동시에 하나님의 높은 권세와 권위, 당당함 역시 허락되어 있습니다. 우리의 낮음과 하나님이 주신 높은 권세가 함께한다는 사실이 모순처럼 느껴지지만 여기서 오해하면 안 됩니다. 우리에게서 생명이나 진리가 솟아나 어떤 일이 해결되는 것이 아닙니다. 하나님은 우리가 꺼내 놓아야만 일하시는 분이 아닙니다.

헌금이 그런 것입니다. "어쨌든 우리가 한 헌금으로 무엇을 하지 않습니까?" 하고 누군가 물을 수 있습니다. 물론 헌금으로 여러 가지 일을 합니다. 그런데 우리가 드린 것은 돈이 아닙니다. 우리가 드린 것은 '나는 하나님만을 의지하는 사람입니다'라는 신앙고백입니다. 하나님의 일을 위하여 필요한 것은 하나님이 채우십니다. 우리는 이 문제에 대해 헷갈리면 안 됩니다.

우리가 낸 것이 있어야, 우리가 최소한의 도움이라도 드려야 하나님이 일하신다고 생각합니까? 절대 그렇지 않습니다. 하나님이 우리가 낸 것을 받으시는 이유는 '우리는 이 정도에 불과한 사람입니다'라고 하는 고백을 받으시기 위해서입니다. 하나님이 우리에게 요구하시는 것은, 하나님의 일은 우리로 말미암아 이루어지지 않는다는 것을 인정하는 고백입니다. 우리가 가진 것으로 하나님의 일이 이루어지지 않습니다. 그런데도 우리는 '모으자, 모으자' 하면서 오병이어를 모읍니다. 그것을 모아야 하나님의 일이 이루어지는 것이 아닙니다. 하나님이 우리에게 헌금하게 하시는 가장 큰 이유도 우리는 돈으로 사는 존재가 아니며 우리에게 필요한 것은 돈이 아니라는 사실을 알려 주시기 위한 것입니다. 헌금하는 일 자체가 돈은 우리에게 가장 필요한 것이 아니라는 고백의 표현입니다. 우리에게 가장 필요한 것은 하나님입니다.

하나님이 아브라함에게 이삭을 바치라고 명하셨을 때도 마찬가지입니다. 아브라함에게 가장 필요한 존재는 하나님이니 하나님과 이삭 중에서 선택하라고 한다면 당연히 하나님을 선택할 일입니다. 그렇기 때문에 아브라함은 기꺼이 하나님의 명령에 순종할 수 있었던 것입니다. 그것이 바로 우리가 하나님 앞에 나오면서 가져야 하는 신앙 자세입니다.

하나님의 자녀답게 꽃피워질 사람들

우리가 교회에 가야 교회가 이익을 볼 것이라고 생각합니까? 잘못된 생각입니다. 우리가 무슨 유익이 되겠습니까? 우리가 교회에 나가는 것은, 하나님이 우리를 지극한 사랑으로 훈련하고 키우기 위해 교회로 부르셨기 때문입니다. 본문에 제자들이 왜 등장합니까? 그들 자신을 위해서입니다. 제자들은 표본에 불과합니다. 그곳에 모인 오천 명이 다 하나님의 사람입니다. 오늘날 우리도 그렇게 부름 받습니다. 하나님은 우리 모두가 그 기적을 보기 원하십니다. 하나님은 우리를 부르셔서 하나님이 행하시는 기적을 우리 눈으로 보게 하시며 우리 손으로 만지게 하셔서 우리를 키우십니다. 그렇게 자라는 것입니다.

여기서 우리는 적용할 거리를 하나 얻을 수 있습니다. 교회에서 일을 맡기거든 기꺼이 하십시오. 그것만큼 큰 복은 없습니다. 그리고 일을 안 시키거든 가서 시켜 달라고 조르십시오. 물론 아무것도 하지 않는다고 해서 누가 뭐라고 하지는 않습니다. 그러나 떡이 어떻게 많아졌는지 그 기적을 직접 확인하고 주의 손에서 그것을 받아 나누는 기쁨을 직접 느끼고 누리십시오. 하나님은 그 일에 참여하라고 우리를 부르셨습니다. 하나님은 우리를 불러 그 일을 시키시고, 그 일을 통해 부름 받은 다른 사람들에게 다시 그 일을 하게 하여 우리 모두를 키우십니다. 하나님에게는 우리가 목표이기 때문입니다.

하나님 나라는 이 땅에 큰 교회를 짓고 구제하여 생색내는 것으로 표현되지 않습니다. 하나님의 일은 영에 관한 싸움으로, 하나님이 당신의 엄청난 사역에 우리를 동원하셔서 우리를 항복시키시는 것입니다. 이것이 오병이어 사건에서 잊으면 안 되는 내용입니다.

우리는 보잘것없는 존재이며 꺼내 놓을 것이 없는 사람들입니다. 우리 중 누구도 자랑할 수 있는 자가 없습니다. '나는 저 사람보다 좀 낫다'라고 말할 수 있는 자가 아무도 없습니다. 누가 누구보다 하나님에게 더 요긴하지 않습니다. 하나님에게 필요한 자가 있다면, 하나님이 고치고 복을 주고 영광스럽게 하기 위해 부르신 자뿐입니다. 교사에게는 수업료를 낼 학생이 아니라 가르침을 받을 제자가 필요하듯이, 하나님이 필요로 하는 사람들은 하나님의 은혜와 복을 받아 영생의 양식을 먹고 하나님의 자녀답게 꽃피워질 사람들인 것입니다.

하나님을 도울 수 있는 사람은 없습니다. 우리가 있음으로 교회가 존재하고 하나님의 일이 이루어지는 것이 아닙니다. 모세든 엘리야든 사도 바울이든 마찬가지입니다. 하나님이 하실 일이고, 하시고야 말 일입니다. 그 일에 우리를 부르신 것뿐입니다. 그러니 천국을 구경만 하지 말고 천국 안으로 들어가 앉으십시오. 구경만 하는 것처럼 불행한 일은 없습니다.

하나님의 최고 목표는 우리입니다. 우리를 배불리고 만족시키고 하나님 앞에 항복시켜 찬송 부르게 하기 위해 우리를 불러내신 것입니다. 우리가 하나님의 목표입니다. 이 특권을 왜 놓치고 삽니까? 내가 뭔가 남다른 것을 꺼내 놓아야 하나님이 더 잘 봐주실 것 같습니까? 아닙니다. 누가 더 나아서 하나님이 일을 맡기신 것이 아닙니다. 누구나 할 수 있는 일이며, 해야 하는 일입니다. 이 복된 초대를 결코 외면하지 말기 바랍니다. 이것이 기독교입니다.

그 큰일에 나 같은 것이 무슨 도움이 되겠냐고 하지 마십시오. 그 일에 우리가 도움이 되어서가 아니라 그 일이 우리에게 유익이 되기 때문에 해야 하는 것입니다. 우리는 부족하다고 느끼는 만큼 소용없다고 느끼는 만큼 더 많이 배워야 하는 사람들입니다. 더 많이 기적을 확인해야 하는 사람들입니다. 그런데 왜 도망가십니까? 관중이 되지 마십시오. 참여하고 확인하여 누리십시오. 예수님이 오병이어 사건을 베푸신 깊은 의도가 여기 있습니다. 예수님이 '빌립아', '안드레야' 이렇게 지명하시고 질문을 던지십니다. 우리에게도 우리의 우리 된 것을 확인하는 일이 있어야 합니다. 거기서 하나님의 하나님 되심을 깨닫고, 이렇게 부족한데도 우리를 사랑하시며 오늘도 큰 능력으로 우리를 간섭하시는 하나님의 기적을 풍성하게 맛보기 바랍니다.

우리를
지나
예수님에게로

5 예수께서 눈을 들어 큰 무리가 자기에게로 오는 것을 보시고 빌립에게 이르시되 우리가 어디서 떡을 사서 이 사람들을 먹이겠느냐 하시니 **6** 이렇게 말씀하심은 친히 어떻게 하실지를 아시고 빌립을 시험하고자 하심이라 **7** 빌립이 대답하되 각 사람으로 조금씩 받게 할지라도 이백 데나리온의 떡이 부족하리이다 **8** 제자 중 하나 곧 시몬 베드로의 형제 안드레가 예수께 여짜오되 **9** 여기 한 아이가 있어 보리떡 다섯 개와 물고기 두 마리를 가지고 있나이다 그러나 그것이 이 많은 사람에게 얼마나 되겠사옵나이까 **10** 예수께서 이르시되 이 사람들로 앉게 하라 하시니 그 곳에 잔디가 많은지라 사람들이 앉으니 수가 오천 명쯤 되더라 **11** 예수께서 떡을 가져 축사하신 후에 앉아 있는 자들에게 나눠 주시고 물고기도 그렇게 그들의 원대로 주시니라 **12** 그들이 배부른 후에 예수께서 제자들에게 이르시되 남은 조각을 거두고 버리는 것이 없게 하라 하시므로 **13** 이에 거두니 보리떡 다섯 개로 먹고 남은 조각이 열두 바구니에 찼더라 (요 6:5-13)

한 아이

이번 장에서는 본문에 나오는 '한 아이'를 중심으로 오병이어 사건을 살펴보겠습니다. 같은 사건을 기록한 마가복음 6장 44절을 보면 "떡을 먹은 남자는 오천 명이었더라"라고 되어 있습니다. 여자와 아이의 수를 합하면 떡을 먹은 사람은 아마 만 오천 명에서 이만 명에 이르렀을 것입니다. 떡 다섯 개와 물고기 두 마리로 이 많은 청중을 배불리 먹이고도 열두 광주리가 차도록 음식이 남았습니다. 그런데 이 오병이어를 가져온 사람은 한 아이였다고 합니다.

그러면 기적을 있게 한 것은 오병이어를 내놓은 아이인가 하는 질문이 생깁니다. 이 아이가 보리떡 다섯 개와 물고기 두 마리를 꺼내 놓지 않았다면 예수님은 기적을 일으키지 않으셨을까요? 당연히 예수님은 그것들 없이도 기적을 행하실 수 있는 분입니다. 그렇다면 왜 여기서는 그것들을 굳이 사용하여 일하셨는가 하는 생각이 듭니다. 그리고 간단한 결론을 떠올립니다. 아무리 보잘것없는 것이라도 우리가 즐겨 내면 하나님은 그것을 근거로 삼아 기적을 일으키시고 당신의 일을 이루신다는 결론입니다. 이렇게 생각할 수도 있겠지만 이런 결론으로는 신앙의 기초를 잘못 쌓아 가게 됩니다. 아이가 오병이어를 꺼내 놓은 것처럼 우리도 각자의 오병이어를 꺼내 놓아 하나님의 일을 이루자는 식으로 이 사건의 의미를 확인할 수는 없습니다.

아이가 예수님 앞에 가지고 나온 오병이어가 하나님이 일을 이루기 위해 우리에게 요구하시는 최소한의 헌신이나 감사가 아니라면 무엇일까요? 우리는 하나님 앞에 아무것도 꺼내 놓을 필요가 없는 것일까요? 이 문제를 잘 이해하기 위해 우리의 질문을 좀 더 깊이 다루고 있는 말씀을 찾아봅시다. 고린도전서 1장입니다.

> 십자가의 도가 멸망하는 자들에게는 미련한 것이요 구원을 받는 우리에게는 하나님의 능력이라 기록된 바 내가 지혜 있는 자들의 지혜를 멸하고 총명한 자들의 총명을 폐하리라 하였으니 지혜 있는 자가 어디 있느냐 선비가 어디 있느냐 이 세대에 변론가가 어디 있느냐 하나님께서 이 세상의 지혜를 미련하게 하신 것이 아니냐 하나님의 지혜에 있어서는 이 세상이 자기 지혜로 하나님을 알지 못하므로 하나님께서 전도의 미련한 것으로 믿는 자들을 구원하시기를 기뻐하셨도다 (고전 1:18-21)

여기서 눈여겨보아야 할 것은 '전도'라는 단어입니다. 먼저 전도가 구원의 원인인지 생각해 봅시다. '원인'이란 어떤 결과를 반드시 일으키게 하는 것을 말합니다. 전도를 하면 구원이라는 결과가 반드시 일어날까요? 꼭 그렇지는 않습니다. 그러니 전도가 구원을 얻게 하는 원인은 아닙니다. 그럼에도 하나님이 전도를 허락하신 이유는, 구원이 인간의 능력으로 가능하지 않다는 것을 증명하시기 위해서입니다. 한 사람을 영적으로 거듭나게 하는 일에 있어서 인간은 이 문제를 이해할 능력도 없고 상대방을 설득할 방법도 없다는 사실을 확인시켜 주려고 하나님이 우리에게 전도를 허락하신 것입니다. 전도는 그 자체로, 구원이 우리로 말미암지 않는다는 것을 말해 주는 것입니다.

전도는 설득이 아닙니다. 전도는 '주 예수를 믿으라'라는 선포입니다. '주 예수를 믿으라 그리하면 너와 네 집이 구원을 얻으리라.' 이렇게 선언하는 것이 전도입니다. 전도는 논쟁으로 할 수 있는 일이 아닙니다. 우리가 복음을 전하면 상대방은 우리에게 '당신은 정말 하나님이 있다고 믿습니까?'라고 물을 것입니다. 우리가 그렇다고 답하면 상대는 다시 우리에게 하나님의 존재를 증명해 보라고 할 것입니다. 그럴 때 증명하려고 애쓰지 마십시오. 증명할 수 없는 일입니다. 이미 신자로서 하나님을 믿지만 이해가 되지 않아 설명을 요구하는 것과 불신자가 믿어지지 않으니 납득하게 해 달라고 설명을 요구하는 것은 다릅니다. 믿지 않는 자에게는 복음을 설명할 방법이 없습니다. 믿는 자들은 아는데 말입니다. 불신자를 설득하여 복음과 구원을 알게 해 주는 것은 불가능합니다.

하나님은 우리에게 전도라는 미련한 방법을 사용하게 하셔서 구원의 문제가 우리의 이해나 지식의 범주를 벗어난 것임을 나타내십니다. 이것이 전도입니다. 따라서 전도를 구원의 방편으로 여겨

기능적 차원에서 생각하는 것은 옳지 않습니다. 하나님을 믿는 진심이 있으면 상대가 납득하는 것과 상관없이 전도하게 됩니다.

전도가 구원의 원인이 아닌데도 하나님이 우리에게 전도하라고 요구하셨다는 점이 중요합니다. 하나님이 우리에게 헌금을 요구하시는 것도 마찬가지입니다. 그것으로 하나님이 일하시기 때문이 아닙니다. 하나님은 우리의 지식이나 우리의 권세나 우리의 돈으로 일하시는 분이 아닙니다. 하나님은 하나님이 가지신 고유한 능력과 지식과 지혜로 일하십니다. 그렇다면 우리는 왜 동원될까요? 고린도전서 1장 26절 이하를 봅시다.

> 형제들아 너희를 부르심을 보라 육체를 따라 지혜로운 자가 많지 아니하며 능한 자가 많지 아니하며 문벌 좋은 자가 많지 아니하도다 그러나 하나님께서 세상의 미련한 것들을 택하사 지혜 있는 자들을 부끄럽게 하려 하시고 세상의 약한 것들을 택하사 강한 것들을 부끄럽게 하려 하시며 하나님께서 세상의 천한 것들과 멸시 받는 것들과 없는 것들을 택하사 있는 것들을 폐하려 하시나니 이는 아무 육체도 하나님 앞에서 자랑하지 못하게 하려 하심이라 (고전 1:26-29)

이것이 바로 그 이유입니다. 하나님의 일, 하나님의 지혜, 하나님의 생명에 관한 진리를 스스로 깨쳐 이해하는 사람은 없습니다. 그래서 하나님은 당신의 일을 하시고 당신의 말씀을 맡기실 때 세상에서 훌륭하다고 인정하는 사람을 잘 쓰시지 않습니다.

똑똑한 사람에게 일을 맡기면 그 일을 이루는 능력, 지혜, 지식이 그 사람에게서 기인한다고 생각할까 봐, 그것이 결코 아니라는 것을 우리에게 확인시켜 주기 위하여 부족한 사람을 들어 쓰시는 것입니다. 하나님의 일이 부족한 사람으로부터 출발하여 예수 그리스도에게까지 이어지는 것을 깨닫게 하려고 하시는 것입니다. 부족한 목사들의 입술에 하나님이 당신의 말씀을 허락하심으로써 말씀의 능력이 목사에게서 나오는 것이 아니라는 것을 분명하게 하십니다. 이것이 바로 하나님이 일하시는 방식입니다.

왜 하나님은 이처럼 보잘것없는 인간을 사용하여 일하실까요? 차라리 우리가 없는 편이 더 낫지 않은가 하는 생각까지 듭니다. 전도도 하지 않는 편이 나을 것 같습니다. 하나님은 직접 각 사람에게 개입하셔서 구원을 일으키실 수 있습니다. 그러니 전도가 없어도 될 것 같습니다. 하지만 전도 없이 구원을 얻게 된다면 무슨 문제가 생길까요? 전도 없이 구원을 얻은 자는 스스로 복음을 깨쳤다고 여길 것입니다. 자기는 어딘가 다른 사람이라고 하면서 말입니다. 그래서 하나님은 전도를 사용하셔서 구원을 얻게 하십니다. 전도하는 사람도 항복시키고 구원을 얻게 된 사람도 항복시키기 위해서 그러시는 것입니다. 구원이란 우리가 가진 어떤 것으로 말미암아 이루어지는 것이 아니라는 사실을 보여 주는 데에 전도가 중요한 본보기가 됩니다.

성경은 우리가 우리 힘으로는 구원을 얻을 수 없다는 사실을 이야기합니다. 성경은 언제나 이 사실을 출발선으로 그어 놓고 복음을 제시합니다. 이것을 잊으면 구원을 얻었다는 것이 무엇인지 그 뜻을 알 수 없게 됩니다. 마라톤 완주는 42.195킬로미터를 전부 달려서 목표 지점까지 왔기 때문에 멋있는 것입니다. 출발점을 무시

한 채 목표 지점이 바로 앞에 보이는 곳에서 출발하여 결승선에 도착한다면 의미가 없습니다. 이것이 오병이어 사건에서 한 아이가 등장하는 중요한 이유입니다. 하나님이 보잘것없는 존재를 사용하여 하나님의 일을 이루십니다. 이 아이가 그 출발선에 서 있는 것입니다.

보잘것없는 것으로 시작하시는 하나님

오병이어 사건에서 의아한 점은 한 아이가 등장했는데, 뒤에 가서는 이 아이에 대해 아무런 평가가 없다는 사실입니다. 그렇지만 이 아이의 등장은 그냥 지나쳐 버릴 내용이 아닙니다. 요한복음 6장 5절부터 봅시다.

> 예수께서 눈을 들어 큰 무리가 자기에게로 오는 것을 보시고 빌립에게 이르시되 우리가 어디서 떡을 사서 이 사람들을 먹이겠느냐 하시니 이렇게 말씀하심은 친히 어떻게 하실지를 아시고 빌립을 시험하고자 하심이라 빌립이 대답하되 각 사람으로 조금씩 받게 할지라도 이백 데나리온의 떡이 부족하리이다 제자 중 하나 곧 시몬 베드로의 형제 안드레가 예수께 여짜오되 여기 한 아이가 있어 보리떡 다섯 개와 물고기 두 마리를 가지고 있나이다 그러나 그것이 이 많은 사람에게 얼마나 되겠사옵나이까 예수께서 이르시되 이 사람들로 앉게 하라 하시니 그 곳에 잔디가 많은지라 사람들이 앉으니 수가 오천 명쯤 되더라 (요 6:5-10)

예수님이 질문했고 빌립이 대답했으니 다시 예수님의 말씀이 나올 차례입니다. 그런데 빌립의 답에 대한 예수님의 반응은 나오지 않고 한 아이가 등장합니다. 안드레가 예수님에게 여쭈고 있지만 눈여겨볼 인물은 아이입니다. 그곳에 모인 사람들을 조금씩이라도 먹이려면 이백 데나리온으로도 부족하다는 내용이 나온 후에 보리떡 다섯 개와 물고기 두 마리를 가진 아이가 등장합니다. 보리떡 다섯 개와 물고기 두 마리는 실제 필요한 양의 확실한 비교 대상이 됩니다. 적은 양밖에 없는 것이 아무것도 없는 것보다 실제 필요한 양을 더욱 크게 느껴지게 하기 때문입니다. 이천만 원이 필요한데 이십 원밖에 없다는 말이 한 푼도 없다는 말보다 더 심각한 결핍을 느끼게 해 주는 것과 비슷합니다.

보리떡 다섯 개와 물고기 두 마리가 등장함으로써 부족함이 더욱 강조되고 있습니다. 안드레도 굳이 '그러나 그것이 이 많은 사람에게 얼마나 되겠사옵나이까'라고 이야기하여 무리를 먹이기에 턱없이 부족한 음식임을 각인시켜 줍니다. 그런데 예수님은 '이 사람들로 앉게 하라'라고 하신 다음 그들을 먹이기로 하십니다. 그리고 기적을 일으켜 앉아 있는 모든 사람을 배불리 먹이십니다.

보리떡 다섯 개와 물고기 두 마리를 가져온 아이는 바로 우리 모습일 것입니다. 우리가 하나님 앞에 꺼내 놓는 그 어떤 훌륭하고 좋아 보이는 것도 하나님이 하시는 일에는 도움이 안되는 보리떡 다섯 개와 물고기 두 마리처럼 보잘것없을 뿐입니다. 그러나 예수님은 그것을 쓰셨습니다. 이것은 우리가 보잘것없는 것이라도 내어놓아야 하나님이 일하신다는 의미가 아닙니다. 하나님 앞에 보잘것없는 것을 내놓는 우리가 하나님이 하시는 일의 출발점이 된다는 의미입니다. 부족한 우리가 하나님의 일에 부름 받은 것이, 사람들의 시선을 모으는 출발점이 되고 그 시선을 하나님의 일이 이루어지는 궁극적 자리까지 이어지도록 하는 것입니다.

오병이어는 배고픈 사람들이 요구한 것도 아니었고 기적이 이루어지기 위한 조건도 아니었습니다. 오병이어를 가져온 아이는 사람들의 시선을 사로잡습니다. 아이는 그 시선이 예수님에게까지 이어지도록 하는 데 디딤돌 역할을 합니다. 우리 모두가 그렇게 부름 받습니다. 우리가 내놓은 보잘것없는 것들이 사람들의 시선을 예수 그리스도, 즉 일을 이루시는 분에게로 이끌어 가는 것입니다.

우리는 교회에 나와 헌금하고 직분을 맡아 일을 합니다. 그런데 그 일을 하면서 깨닫게 되는 점은 우리가 하나님의 일에 아무런 도움이 되지 못한다는 사실입니다. 우리는 일을 하면서 우리의 무익함과 하나님의 일하심을 다른 사람들에게도 증명합니다. 사람들은 우리의 무익함에도 하나님의 일이 이루어지는 것을 보며 그 일이 우리로 말미암지 않고, 우리가 신뢰하고 진심을 바치고 있는 그분의 능력으로 말미암은 것이라는 결론에 이르게 됩니다.

하나님은 우리가 하는 헌금으로 일하시지 않습니다. 하나님은 돈이 필요한 분이 아닙니다. 그런데 그 아무 도움이 안되는 것을 가지고 큰일을 하셔서 사람들로 그 대조를 확인하게 하십니다. 저 구두쇠가 어떻게 하나님 앞에서는 진심을 바치는지 의아해하는 사람들의 시선을 모아 그 시선이 그를 지나 예수 그리스도를 향하도록 하시는 것입니다. 우리 모두가 그런 일에 부름 받고 있습니다.

우리는 얼마나 자주 우리가 바친 것으로 하나님이 일하신다고 생각하는지 모릅니다. 그렇지 않습니다. 하나님이 귀히 여기시는 것은 우리가 하나님을 신뢰하고 하나님에게 항복하고 하나님을 열심히 사랑하는 것입니다. 그렇다면 겉으로 드러나는 신앙 행위는 적당히 해도 되는 것일까요?

헌금을 많이 하면 뿌듯할 것입니다. 그러나 헌금을 많이 한다고 해서 하나님을 사랑하는 마음이 크다고 단정할 수는 없습니다. 성경이 요구하는 것은 우리의 열심, 봉사, 물질이 아닙니다. 하나님이 바라시는 것은 우리가 하나님을 사랑하는 마음, 그 진심입니다. 예수님은 과부가 낸 두 렙돈을 부자가 낸 많은 돈보다 더 귀히 보셨습니다.

마찬가지로 한 아이가 가져온 보리떡 다섯 개와 물고기 두 마리를 받으신 일은 우리의 헌신이 있어야 하나님이 일하신다는 것을 보여 주는 것이 아니라, 보잘것없는 아이가 하나님의 일하심을 드러내 주는 출발점으로 존재한다는 것을 말해 주고 있습니다. 구약 성경에도 오병이어 사건의 한 아이와 같은 존재가 등장합니다. 열왕기하 5장입니다.

아람 왕의 군대 장관 나아만은 그의 주인 앞에서 크고 존귀한 자니 이는 여호와께서 전에 그에게 아람을 구원하게 하셨음이라 그는 큰 용사이나 나병환자더라 전에 아람 사람이 떼를 지어 나가서 이스라엘 땅에서 어린 소녀 하나를 사로잡으매 그가 나아만의 아내에게 수종들더니 그의 여주인에게 이르되 우리 주인이 사마리아에 계신 선지자 앞에 계셨으면 좋겠나이다 그가 그 나병을 고치리이다 하는지라 나아만이 들어가서 그의 주인께 아뢰어 이르되 이스라엘 땅에서 온 소녀의 말이 이러이러하더이다 하니 아람 왕이 이르되 갈지어다 이제 내가 이스라엘 왕에게 글을 보내리라 하더라 나아만이 곧 떠날새 은 십 달란트와 금 육천 개와 의복 열 벌을 가지고 가서 이스라엘 왕에게 그 글을 전하니 일렀으되 내가 내 신하 나아만을 당신에게 보내오니 이 글이 당신에게 이르거든 당신은 그의 나병을 고쳐 주소서 하였더라 이스라엘 왕이 그 글을 읽고 자기 옷을 찢으며 이르되 내가 사람을 죽이고 살리는 하나님이냐 그가 어찌하여 사람을 내게로 보내 그의 나병을 고치라 하느냐 너희는 깊이 생각하고 저 왕이 틈을 타서 나와 더불어 시비하려 함인줄 알라 하니라 하나님의 사람 엘리사가 이스라엘 왕이 자기의 옷을 찢었다 함을 듣고 왕에게 보내 이르되 왕이 어찌하여 옷을 찢었나이까 그 사람을 내게로 오게 하소서 그가 이스라엘 중에 선지자가 있는 줄을 알리이다 하니라 나아만이 이에 말들과 병거들을 거느리고 이르러 엘리사의 집 문에 서니 엘리사가 사자를 그에게 보내 이르되 너는 가서 요단 강에 몸을 일곱 번 씻으라 네 살이 회복되어 깨끗하리라 하는지라 나아만이 노하여 물러가며 이르되 내 생각에는 그가 내게로 나와 서서 그의 하나님 여호와의 이름을 부르고 그의 손을 그 부위 위에 흔들어 나병을 고칠까 하였도다 다메섹 강 아바나와 바르발은 이스라엘 모든 강물보다 낫지 아니하냐 내가 거기서 몸을 씻으면 깨끗하게 되지 아니하랴 하고 몸을 돌려 분노하여 떠나니 그의 종들이 나아와서 말하여 이르되 내 아버지여 선지자가 당신에게 큰 일을 행하라 말하였더면 행하지 아니하였으리이까 하물며 당신에게 이르기를 씻어 깨끗하게 하라 함이리이까 하니 나아만이 이에 내려가서 하나님의 사람의 말대로 요단 강에 일곱 번 몸을 잠그니 그의 살이 어린 아이의

살 같이 회복되어 깨끗하게 되었더라 (왕하 5:1-14)

아람은 이스라엘 북쪽에 있던 이스라엘의 오랜 적대국이었습니다. 이스라엘과 아람 사이에는 전쟁이 그치지 않았습니다. 그러던 중 나아만이라고 하는 아람의 군대 장관이 포로로 잡혀 온 이스라엘의 어린 소녀를 자기 아내의 시중드는 아이로 삼았습니다. 그런데 이 군대 장관은 나병 환자였습니다. 시중드는 소녀가 이것을 알고 장관에게 말하기를, 이스라엘 사마리아에 가면 선지자가 있는데 그 사람을 만나면 병을 고칠 수 있다고 합니다.

이 말을 듣고 나아만은 이스라엘 왕에게 가서 병을 고쳐 달라고 합니다. 이스라엘 왕은 아람이 전쟁을 일으키려고 시비를 거는 것이라고 생각하여 옷을 찢으며 당혹스러워합니다. 왕이 옷을 찢고 괴로워하는 것을 알게 된 엘리사 선지자가 나아만에게 요단강에 가서 일곱 번 몸을 씻으면 깨끗하게 될 것이라고 합니다. 그러자 나아만은 다메섹에 있는 강이 더 나은데 왜 요단강으로 가라고 하냐며 화를 냅니다. 요단강은 다메섹의 강들보다 훨씬 형편없었기 때문입니다.

여기에 등장하는 소녀가 오병이어 사건에 나온 한 아이와 같은 역할을 합니다. 여기서 소녀는 진리를 소개하는 역할을 합니다. 소녀 때문에 일이 이루어졌다고 말하는 것이 아닙니다. 성경은 보잘것없는 소녀를 등장시켜 진리를 보여 주게 하여, 가장 많이 알고 있을 법한 사람들이 오히려 아무것도 모르는 현실을 꼬집습니다. 왕의 신임을 받는 자가 아프면 왕이 그에게 시의(侍醫)를 보내는 법입니다. 그런데 시의들도 못 고치던 장관의 병이, 포로로 잡혀 왔고 세상 물정도 모르고 발언권도 없는 소녀의 말을 듣고 낫게 됩니다. 이 일은 하나님과 복음에 대한 진리가 우리 힘으로 도달할 수 없는 영역에 속한 것임을 보여 주고 있습니다.

요단강도 마찬가지입니다. 선지자는 나아만에게 요단강에 가서 몸을 일곱 번 씻으라고 합니다. 만일 요단강이 다른 강보다 더 좋은 상태였다면 사람들은 그 강에 특별한 효험이 있다고 생각했을 것입니다. 그러니 선지자의 명령은 요단강이 특별하다는 것을 말하는 것이 아니라 하나님이 병을 고치신다는 사실을 알게 하기 위한 것입니다.

선지자가 일러준 대로 하자, 그의 병이 낫습니다. 이렇게 함으로써 병이 낫는 것은 방법에 달려 있지 않다는 사실이 드러납니다. 요단강, 일곱 번 목욕, 소녀가 등장함으로써 이 일이 전적으로 인간의 지혜와 지식과 깨침을 넘어서 계신 분의 간섭임을 시사하는 것입니다. 그런 점에서 볼 때 우리도 이 소녀와 오병이어를 가져온 아이와 같습니다. 우리는 우리 자신의 문제에 속수무책인, 보리떡 다섯 개와 물고기 두 마리와 같습니다. 보잘것없으나 하나님의 일하심을 보여 주는 출발점으로 서 있는 것입니다.

보잘것없으나 늠름한 자들

얼마나 많은 교회 지도자들이 신통한 능력을 가진 특별한 사람처럼 행동하는지 모릅니다. 그러니 신자들도 예수를 믿고 나면 어떤 능력을 소유한 자가 되어야 하는 것처럼 오해합니다. 기도에 대해서도 그렇게 생각합니다. 우리가 기도하면 하나님이 헐레벌떡 달려오셔서 만병통치약처럼 다 해결해 주셔야 한다고 착각합니다.

우리는 세상의 것들과 우리가 가진 것으로는 우리의 문제가 해결되지 않는다는 것을 알기에 세상과 우리 자신을 포기하고 하나님 앞에 모여든 사람들입니다. 그 문제를 해결하실 분은 오직 하나님이라는 것을 알고 있습니다. 우리는 '하나님, 도와주십시오'라고 기도합니다. 이것은 곧 '내가 해결할 수 있는 문제가 아닙니다'라는 고백입니다. 고개를 빳빳이 들고 대항하는 것이 아니라 고개를 무릎 사이에 처박고 읊조리는 것입니다. '하나님, 불쌍히 여겨 주십시오. 하나님이 외면하시면 저는 갈 곳이 없습니다. 이렇게 기도하는 것을 용서해 주옵소서'라고 기도할 수밖에 없다는 것을 우리는 알고 있습니다.

그러면서도 우리는 얼마나 자주 겸손을 가장하는지 모릅니다. '보잘것없지만 받아 주옵소서'라고 겸손한 척 기도하면 하나님이 문제를 해결해 주실 것이라고 계산합니다. 우리가 내놓은 것 중에 하나님이 받으실 만한 것은 아무것도 없습니다. 하나님은 우리가 오직 하나님에게 매달리는 것을 기뻐하십니다. 우리는 울어도 그분을 찾으면서 울고, 웃어도 그분이 있어서 웃습니다. 우리가 내놓는 것은 그분을 사랑한다는 표현 외에는 아무것도 아닙니다.

보잘것없는 우리가 늘 웃고 늠름하게 사는 모습을 사람들이 보고 이상하게 여기다가 우리가 누구 손에 잡혀 있는지 알게 됩니다. 사람들은 우리가 하나님의 품에 있기 때문에 웃을 수 있고 담대할 수 있다는 것을 보며 자극을 받게 되는 것입니다.

우리가 그렇게 서 있는 존재라는 것을 알아야 합니다. 우리는 어떤 조건에서 보아도 결코 다른 사람들보다 낫거나 유능한 사람이 아닙니다. 우리는 스스로에게 능력이 없다는 것을 잘 알기 때문에 낮은 자세로 사는 사람들입니다. 모든 일에 하나님을 품고 하나님의 간섭을 구하며 그분과 함께 있을 때에만 비로소 안심하는 겁쟁이, 비겁한 자, 가난한 자입니다. 그러나 우리를 붙잡은 분이 전능하신 하나님이며 이 세상의 주인이시기에 우리는 그분의 영광의 부스러기를 나누고 그분의 부요함의 그늘 밑에서 오늘도 만족하고 감사하는 것입니다.

쓰임을 받고 있다고 하여 남보다 낫다고 생각하지 마십시오. 돌아보면 우리는 잘나지도 않았고 잘난 척도 할 수 없는 존재이며, 무릎 꿇은 것에 감사가 있고 눈물 흘리는 것에 기쁨이 있는, 세상이 이해할 수 없는 사람이 되었다는 것을 발견하게 될 것입니다.

우리가 바로 보리떡 다섯 개와 물고기 두 마리를 가진 아이입니다. 모두의 시선을 모아 그 시선이 오천 명이 넘는 사람을 배부르게 먹이신 예수 그리스도에게까지 이어지도록 증거하는 삶을 살아야 하는 사람들입니다. 여기에 우리의 보람이 있고 사명이 있는 줄 알고 기쁨과 새로운 각오로 신자의 삶을 살아가기 바랍니다.

04

미련한
요구를
거부하시는
예수님

14 그 사람들이 예수께서 행하신 이 표적을 보고 말하되 이는 참으로 세상에 오실 그 선지자라 하더라 **15** 그러므로 예수께서 그들이 와서 자기를 억지로 붙들어 임금으로 삼으려는 줄 아시고 다시 혼자 산으로 떠나 가시니라

(요 6:14-15)

왕을 세워 달라는 요구

본문은 오병이어 사건의 결말입니다. 사람들이 오병이어 기적을 보고 예수 그리스도를 왕으로 삼으려고 했지만 예수님은 그 무리를 피해 홀로 산으로 가셨다는 기록입니다. 이 사건을 경험한 무리가 왜 예수님을 왕으로 삼으려고 했는지, 예수님은 왜 그들을 피해 홀로 산으로 가셨는지를 확인하여 성경이 우리에게 제시하는 참된 신앙의 기준이 무엇인지 생각해 보려고 합니다. 먼저 사람들이 예수 그리스도를 왕으로 삼으려고 한 이유를 생각해 봅시다. 14절입니다.

> 그 사람들이 예수께서 행하신 이 표적을 보고 말하되 이는 참으로 세상에 오실 그 선지자라 하더라 (요 6:14)

여기 나오는 '그 선지자'란 신명기 18장 15절부터 18절까지의 말씀에 언급된 선지자를 가리킵니다. 신명기에서 모세는 이스라엘 백성들에게 "하나님이 네 형제 중에서 나와 같은 선지자 하나를 세우실 것이다"라는 유언을 남깁니다. 이 유언 속의 '나와 같은 선지자'가 바로 본문에 나온 '그 선지자'입니다. 성경이 약속한 모세 같은 선지자란 어떤 선지자이며, 이스라엘 백성이 기대하고 이해한 '그 선지자'는 어떤 사람일까요? 이것이 본문에서 가장 중요하게 생각할 내용입니다.

이스라엘 백성에게 모세는 자신들을 애굽에서 구출해 준 민족의 위대한 지도자입니다. 그들에게 모세는 정치적 영웅이었습니다. 사람들이 예수 그리스도를 왕으로 삼으려고 한 이유가 바로 여기에 있습니다. 오병이어 사건을 경험한 사람들은 예수 그리스도를 정치적 영웅으로 여겼던 것입니다. 그러나 모세가 언급한 '나와 같은 선지자'라는 말 속에는 정치적 영웅이라는 개념이 담겨 있지 않습니다. 이러한 내용을 염두에 두고 성경을 추적해 봅시다. 먼저 이스라엘 백성이 왕을 요구하던 역사적 배경을 살펴봅시다.

구약성경에서 사사기, 룻기, 사무엘상까지는 사사가 다스리던 시대입니다. 그래서 룻기도 '사사들이 치리하던 때에'라는 말로 시작됩니다. 사무엘도 엘리라는 사사 아래에서 자라 사사가 됩니다. 사사는 사법권도 지닌 행정 수반으로, 선지자이기도 하고 제사장이기도 했습니다. 그런데 사무엘이 사사로 활동하던 때에 이르자, 백성들은 이제 우리에게도 왕이 있어야 한다고 고집합니다. 그 이유가 무엇이었는지 알려면 당시 상황을 먼저 이해해야 합니다. 신명기 7장을 보면 이스라엘 백성들이 가나안에 들어가기 직전에 모세가 그들을 향하여 유언한 내용이 있습니다.

> 네 하나님 여호와께서 너를 인도하사 네가 가서 차지할 땅으로 들이시고 네 앞에서 여러 민족 헷 족속과 기르가스 족속과 아모리 족속과 가나안 족속과 브리스 족속과 히위 족속과 여부스 족속 곧 너보다 많고 힘이 센 일곱 족속을 쫓아내실 때에 네 하나님 여호와께서 그들을 네게 넘겨 네게 치게 하시리니 그 때에 너는 그들을 진멸할 것이라 (신 7:1-2상)

모세는 이스라엘 백성들에게 가나안에 들어가거든 그곳에 거주하던 본토 일곱 족속을 꼭 진멸하라고 유언합니다. 진멸하라는 말은 그들의 자손인 어린아이까지도 남기지 말라는 이야기입니다. 윤리적 관점에서 보면 잔인한 명령이라고 생각할 수 있습니다. 그러나 이것은 윤리적 차원에서 하는 이야기가 아니라 하나님과 언약 백성과의 관계에서 나온 요구입니다. 이것은 그곳 사람들의 생활 풍습이나 종교를 따르지 말고 그들과 절대로 섞이지 말고 그들을 흉내 내서도 안 된다는 것을 강조하는 말씀입니다. 그래서 진멸하라는 말 뒤에 언제나 이어지는 말씀이 있습니다.

> 그들과 어떤 언약도 하지 말 것이요 그들을 불쌍히 여기지도 말 것이며 또 그들과 혼인하지도 말지니 네 딸을 그들의 아들에게 주지 말 것이요 그들의 딸도 네 며느리로 삼지 말 것은 그가 네 아들을 유혹하여 그가 여호와를 떠나고 다른 신들을 섬기게 하므로 여호와께서 너희에게 진노하사 갑자기 너희를 멸하실 것임

이니라 (신 7:2하-4)

아무도 남겨 두지 말라는 명령은 가나안 백성들의 풍속을 좇는 것
을 경계하시는 말씀입니다. 진멸을 명하는 이유가 바로 이것입니
다. 그런데 사사기 1장으로 가 보면 가나안 땅에 들어간 이스라엘
백성이 이 명령에 어떻게 반응했는지 나옵니다.

> 여호와께서 유다와 함께 계셨으므로 그가 산지 주민을 쫓아내었
> 으나 골짜기의 주민들은 철 병거가 있으므로 그들을 쫓아내지 못
> 하였으며 (삿 1:19)

> 베냐민 자손은 예루살렘에 거주하는 여부스 족속을 쫓아내지 못
> 하였으므로 여부스 족속이 베냐민 자손과 함께 오늘까지 예루살
> 렘에 거주하니라 (삿 1:21)

이스라엘 백성은 진멸은커녕 가나안 백성을 쫓아내지도 못했습니
다. 쫓아내지 못한 이유로는 가나안 백성들의 철 병거와 그들의 거
주지인 험한 산지가 거론됩니다. 그러나 그들이 가나안 백성을 쫓
아내지 못한 진짜 이유가 사사기 2장에 나옵니다. 11절부터 봅시다.

> 이스라엘 자손이 여호와의 목전에 악을 행하여 바알들을 섬기며
> 애굽 땅에서 그들을 인도하여 내신 그들의 조상들의 하나님 여호
> 와를 버리고 다른 신들 곧 그들의 주위에 있는 백성의 신들을 따
> 라 그들에게 절하여 여호와를 진노하시게 하였으되 곧 그들이 여

호와를 버리고 바알과 아스다롯을 섬겼으므로 여호와께서 이스라엘에게 진노하사 노략하는 자의 손에 넘겨 주사 그들이 노략을 당하게 하시며 또 주위에 있는 모든 대적의 손에 팔아 넘기시매 그들이 다시는 대적을 당하지 못하였으며 그들이 어디로 가든지 여호와의 손이 그들에게 재앙을 내리시니 곧 여호와께서 말씀하신 것과 같고 여호와께서 그들에게 맹세하신 것과 같아서 그들의 괴로움이 심하였더라 (삿 2:11-15)

가나안 백성들의 철 병거와 험한 산지는 표면적 이유에 불과했고 그들이 하나님의 명령을 따르지 않은 진짜 이유는 그들이 하나님 여호와를 버리고 가나안 족속들이 섬기는 다른 신들을 따른 데 있다고 합니다. 계속해서 사사기 2장 20절 이하를 보면 하나님은 "이스라엘이 언약을 어기고 나의 목소리를 순종하지 않았다"라고 말씀하십니다.

여호와께서 이스라엘에게 진노하여 이르시되 이 백성이 내가 그들의 조상들에게 명령한 언약을 어기고 나의 목소리를 순종하지 아니하였은즉 나도 여호수아가 죽을 때에 남겨 둔 이방 민족들을 다시는 그들 앞에서 하나도 쫓아내지 아니하리니 이는 이스라엘이 그들의 조상들이 지킨 것 같이 나 여호와의 도를 지켜 행하나 아니하나 그들을 시험하려 함이라 하시니라 (삿 2:20-22)

물론 이스라엘 백성에게는 가나안 족속을 쫓아낼 만한 무력이 없었습니다. 가나안은 철 병거를 가지고 있었고 산세도 험했지만 이스라엘 백성에게는 변변한 무기조차 없었습니다. 그러나 가나안 전쟁은 무력으로 하는 전쟁이 아니라 영적 싸움이었습니다. 가나안에 들어가자마자 치른 여리고 성 함락 사건에서 이스라엘은 화살 한 번 쏘지 않고 칼 한 번 뽑지 않은 채 그 성을 무너뜨릴 수 있었습니다. 여리고 성은 난공불락의 대명사로 일컬어질 만큼 정복하기 어려운 성이었습니다. 그런데 이스라엘은 단지 그 성을 도는 것만으로 무너뜨린 것입니다.

그럼에도 이스라엘 백성들은 철 병거와 험한 산지 때문에 가나안 족속을 쫓아내지 못했다고 핑계 댑니다. 성경의 기록을 보면 이스라엘 백성이 가나안 족속을 쫓아내지 않은 것은 가나안 족속의 풍속이나 삶의 태도를 좋아했기 때문이라는 사실이 드러납니다.

사사기 전체가 기록하고 있는 바가 무엇입니까? 하나님이 이스라엘 백성을 다른 민족들과 싸워서 지게 하십니다. 그것은 이스라엘이 하나님에게 전심으로 순종하지 않았기 때문입니다. 하나님은 그들을 강한 민족들의 손에 붙이십니다. 이스라엘이 다른 민족으로부터 겪는 모든 환난은 이스라엘이 그들보다 정치력이나 군사력이 약해서 생겨난 일이 아닙니다. 그것은 하나님 말씀에 순종하지 않은 대가로 주어지는 벌이었습니다.

그렇다면 이 모든 환난을 해결하는 방법은 무엇일까요? 이방 민족의 손에서 고통당하며 신음하는 이스라엘 민족이 그들의 문제를 해결할 수 있는 유일한 방법은 하나님에게로 돌아오는 것입니다. 그러나 이스라엘 백성은 하나님에게 돌아오는 이 유일한 해결책을 택하지 않고 왕을 세워 달라고 합니다. 하나님은 하나님에게로 돌아오면 문제가 해결된다는 것을 보여 주시려고 사사를 세우셨습니다. 그런데도 이스라엘 백성들은 자기들에게 왕이 있어서 힘을 키우면 문제가 해결될 것이라고 생각합니다. 사무엘상 8장을 봅시다.

사무엘이 늙으매 그의 아들들을 이스라엘 사사로 삼으니 장자의 이름은 요엘이요 차자의 이름은 아비야라 그들이 브엘세바에서 사사가 되니라 그의 아들들이 자기 아버지의 행위를 따르지 아니하고 이익을 따라 뇌물을 받고 판결을 굽게 하니라 이스라엘 모든 장로가 모여 라마에 있는 사무엘에게 나아가서 그에게 이르되 보소서 당신은 늙고 당신의 아들들은 당신의 행위를 따르지 아니하니 모든 나라와 같이 우리에게 왕을 세워 우리를 다스리게 하소서 한지라 우리에게 왕을 주어 우리를 다스리게 하라 했을 때에 사무엘이 그것을 기뻐하지 아니하여 여호와께 기도하매 여호와께서 사무엘에게 이르시되 백성이 네게 한 말을 다 들으라 이는 그들이 너를 버림이 아니요 나를 버려 자기들의 왕이 되지 못하게 함이니라 (삼상 8:1-7)

그래서 등장한 사람이 이스라엘 초대 왕 사울입니다. 이스라엘 백성이 괴로움을 겪은 것은 그들이 다른 민족들보다 모자랐기 때문이 아닙니다. 하나님의 명령을 따르지 않아 고통을 겪은 것입니다. 하나님 말씀을 듣는 것보다 자기들의 욕심을 따라 세상 풍속을 좇는 것을 더 좋아했기 때문입니다. 그들이 받게 된 고통은 세상이 가한 것이 아니라 하나님이 내리신 것이므로 그들은 하나님이 기뻐하는 자리로 돌아와야 합니다. 그런데도 이스라엘은 고통을 해결하기 위하여 하나님에게로 돌아오지 않고 계속 자신들의 방식을 고집합니다. 그 문제를 해결할 방법은 왕을 세우는 것뿐이라고 하면서 말입니다.

부모가 아이를 훈육하는 이유는 아픔을 통해서 잘못을 깨닫게 하려는 데에 있습니다. 다시는 그 같은 잘못을 반복하지 말라고 때리기도 합니다. 그런데 어느 날 아이가 대장간에 가서 맞아도 끄떡없을 갑옷을 주문해 입고 와서는 부모에게 그 갑옷 값을 달라고 조릅니다. 이스라엘 백성이 왕을 세워 달라고 하는 것은 바로 이처럼 우스꽝스러운 요구입니다. 왕을 세워 달라고 하는 것은, 우리가 하고 싶은 대로 다 할 수 있도록 우리의 요구를 다 이루어 줄 수 있는 자를 하나님에게 보내 달라고 요구하는 것입니다. 여전히 그런 식의 요구를 하는 무리들 앞에서 예수님은 도망가실 수밖에 없었던 것입니다.

소원을 이루어 달라고 하는 이스라엘

모세가 '나와 같은 선지자'라고 표현했던 대목으로 다시 돌아가 봅시다. '모세 같은 선지자'라는 말의 의미가 무엇일까요? 모세는 사는 동안 이스라엘 민족, 즉 자기 동족들 앞에서 동족 취급을 받은 적이 거의 없었습니다. 모세는 사십 년 광야 생활 때에도 이스라엘 백성들로부터 늘 그 권위를 도전받았습니다. 그는 이스라엘 사람이지만 이스라엘 사람으로 자라지 않았기 때문입니다. 모세는 한 번도 이스라엘 백성 가운데 거한 적이 없었습니다. 태어나서 사십 년 동안 바로의 궁에서 자랐고 그 후 사십 년은 미디안 광야에서 양을 치다가 여든에 부름을 받았습니다.

예를 들어, 일본 황실에서 교육을 받은 조선인이 독립선언서를 준비하는 일에 참여한다고 해 봅시다. 어떻게 사람들이 그와 조선의 독립에 대해 의논할 수 있겠습니까? 그가 아무리 진심을 가지고 있다 할지라도 사람들이 그의 애국심을 쉽게 믿어 주지 않을 것입니다. 모세도 마찬가지였습니다. 피지배 계급이었던 이스라엘 입장에서 볼 때 모세는 비록 그 뿌리가 이스라엘이라 할지라도 자신들을 억압한 지배자의 황실에 속한 사람이 분명하기 때문입니다.

모세가 예언한 '나와 같은 선지자'는 예수 그리스도를 가리킵니다. 그러면 왜 하나님은 모세를 들어 예수 그리스도를 상징하게 하셨을까요? 이스라엘 백성은 자신들이 가야 할 길을 인도해 줄 지도자를 고르는 데 필요한 이해나 지식이 없는 사람들이었습니다. 그들은 스스로 왕을 뽑아서는 안 되는 존재였던 것입니다. 그들은 자기들이 가야 할 길을 가는 데 필요한 힘과 능력을 모을 수 없었습니다. 심지어 그들은 자신들이 가야 할 길조차 모르는 자들이었습니다. 그래서 하나님은 그들을 이끌어 줄 모세를 이스라엘 백성이지만 이스라엘 안에서 키우지 않고 밖에서 개입하는 자로 만드신 것입니다.

이스라엘은 처음부터 전쟁을 할 능력이 없었습니다. 출애굽 이후 처음 겪은 아말렉과의 전투는 모세가 손을 들면 이기고 내리면 지는 전투였습니다. 애굽에서도 하나님이 내리신 열 가지 재앙 때문에 벗어날 수 있었지, 그들 스스로 한 일은 없었습니다. 그들이 한 일이라고는 비명을 지르는 것뿐이었습니다. 홍해를 건널 때 놀라서 소리 지르고, 가데스바네아에서 정탐꾼이 돌아왔을 때 그곳에 못

들어가겠다고 통곡이나 하고, 만나밖에 먹을 것이 없으니 다른 것을 달라고 떼쓰고, 목이 마르니 물을 달라고 하고, 배가 부르면 모세에게 네가 뭔데 우리 앞에서 잘난 척하느냐며 직접 지도자를 뽑겠다고 아우성이었습니다. 그들이 한 일이라곤 기껏 이런 것이었습니다. 이스라엘 백성들은 한 번도 모세 편을 들거나 그의 말에 순종하거나 그에게 도움이 된 적이 없습니다. 이 모든 행위가 그들에게는 지도자를 선택할 능력이 없었다는 사실을 말해 주고 있습니다. 그리고 이것이 우리의 문제이기도 합니다.

우리는 언제나 가고 싶은 길이 있고 하고 싶은 일이 있습니다. 그리고 우리를 위해 그 일을 이루어 줄 능력을 가진 이를 필요로 할 뿐입니다. 그 앞에 항복하고 우리가 무엇을 해야 좋을지 물으며 무릎 꿇고 경청할 존재는 원하지 않습니다. 우리는 경배의 대상을 바라지 않습니다. 우리가 바라는 것은 《아라비안 나이트》에 나오는 알라딘의 요술 램프 같은 존재입니다. 무언가 필요한 것이 있을 때마다 램프를 문지르면 연기와 함께 요정이 나타나서 묻습니다. "주인님, 부르셨습니까?" 능력을 가진 쪽은 요정인데, 램프를 가진 사람이 늘 주인입니다. 이렇게 우리는 능력을 가지신 분은 하나님이라는 것을 인정하면서도 주인은 언제나 우리 자신이라고 생각합니다. 우리가 주인이고 하나님은 우리의 종이라는 것입니다.

본문에서 오병이어 사건을 경험한 사람들이 예수 그리스도를 쫓은 이유는 '우리가 누구입니까? 무엇을 해야 합니까?'를 묻기 위해서가 아니었습니다. 그들이 예수님에게 모여든 것은 예수님이라면 자기들이 원하는 것을 이루어 줄 수 있을 것이라고 생각했기 때문입니다. 그러니 예수님은 그들을 피하실 수밖에 없었습니다.

마찬가지로 우리도 하나님을 아버지라고 부르면서 주인으로 섬기지 않습니다. 우리는 할 일이 너무 많고 욕심이 너무 많습니다. 그래서 그 일을 이루어 줄 동업자가 필요할 뿐입니다. 내가 원했던 일이 이루어지기를 바라는 것은 신앙이 아닙니다. 본문에서 예수님이 사람들의 손을 뿌리치고 외면하신 이유가 바로 여기에 있습니다. 신앙이란 하나님이 우리에게 요구하시는 일을 하는 것입니다. 무엇이 옳은지, 우리가 무엇을 해야 하는지는 하나님이 정하십니다.

세상에서 출세하는 것이 신앙입니까? 남보다 잘난 것이 하나님에게 복 받아서입니까? 하나님이 기뻐하시는 것은 우리가 하나님의 뜻대로 사는 것뿐입니다. 복음을 복음으로 여기며 영원을 준비하며 물욕 때문에 이웃과 싸우지 않는 것입니다. 이생에서의 자랑 때문에 서로 시기하지 않는 것입니다. 이것이 우리가 상대해야 할 도전입니다.

나와 내 가정과 나와 묶으신 이웃, 나와 부딪치는 모든 사람 앞에 우리는 이 세상 너머를 바라보며 살아가는 사람이라는 것을 증거할 수 있어야 합니다. 우리는 영원을 준비하는 사람으로 증명되라고 요구받고 있습니다. 그런데 우리는 예수 그리스도를 기껏해야 같이 이익을 남기는 동업자로 삼으려고 합니다. 그분에게 일을 명령받고 싶어 하지는 않습니다. 요한복음 6장 15절을 다시 봅시다.

그러므로 예수께서 그들이 와서 자기를 억지로 붙들어 임금으로 삼으려는 줄 아시고 다시 혼자 산으로 떠나 가시니라 (요 6:15)

마태복음 14장 22절 이하에는 오병이어 사건의 결말을 요한복음과 조금 다르게 기록하고 있습니다.

> 예수께서 즉시 제자들을 재촉하사 자기가 무리를 보내는 동안
> 에 배를 타고 앞서 건너편으로 가게 하시고 무리를 보내신 후에
> 기도하러 따로 산에 올라가시니라 저물매 거기 혼자 계시더니
> (마 14:22-23)

예수님이 기도하러 가신 이유가 무엇입니까? 예수님은 자신을 위
해 기도하러 가신 것이 아닙니다. 바로 우리같이 어리석은 그 무리
를 위해 기도하러 올라가셨던 것입니다. 우리가 미련한 반응을 하
고 미련한 요구를 하기에 주님은 결국 죽으러 오실 수밖에 없었고
오셔서는 기도하러 가실 수밖에 없었습니다. 이것이 성경이 말하는
복음의 핵심입니다.

하나님의 요구를 듣는 삶

이제 우리는 구원을 얻었고 지금 죽어도 천국에 갈 사람으로서의
확신이 있습니다. 이 확신은 우리가 얼마나 바보인지 확인하는 데
서 옵니다. 우리의 감격은 우리가 남보다 낫다는 데서 오지 않습니
다. 우리의 감격은 우리가 굽히지 않고 고집을 꺾지 않았기 때문에
예수님이 우리 대신 죽을 수밖에 없었다는 사실로만 설명됩니다.
이것이 성경이 이야기하는 은혜입니다. 주께서 우리를 위해 죽으실
수밖에 없었다는 사실을 기억하십시오. 그러니 우리 중 누구도 다

른 사람보다 나은 사람이 없습니다. 누구도 받은 구원 때문에 자기를 자랑할 수 없습니다.

그 반대도 성립됩니다. 우리는 절망할 수 없습니다. 우리보다 더한 바보가 있을 수 없고, 우리가 하는 요구보다 더 한심한 요구는 없을 텐데도 예수님이 우리를 위해 오셨고 기도하셨습니다. 이것이 바로 본문에 담긴 말씀입니다.

예수님은 우리에게 가진 것을 내놓으라고 하시지 않고, 당신의 몸을 버려 우리를 먹이시기 위하여 오셨습니다. 그래서 우리가 이 자리에 부름 받았고 복을 입었다는 사실을 명심하십시오. 자신이 누구인지를 뼛속 깊이 들여다보는 자기 확인을 하게 되면 감사할 것밖에는 없습니다. 예수 그리스도가 있기에 자신을 확인하는 일은 절망으로 끝나지 않습니다. 우리의 한심함에도 불구하고 아니, 오히려 한심하기 때문에 주께서 십자가에 달려 죽으심으로 우리를 구원해 내셨기 때문입니다. 주님의 집념과 한없는 사랑과 은혜가 이보다 더 확실하게 증명될 수는 없습니다.

그래서 신자에게는 눈물 어린 환희가 있습니다. 누구와도 비교할 수 없는 처절한 자기 확인 후에 오는 위로가 있는 것입니다. 이것을 꼭 확인하십시오. 그래서 각자의 생애를 자기 고집에서 돌이키십시오. 오직 하나님만 주인이 되게 하십시오. 우리의 삶을 하나님이 어떻게 쓰기 원하시는지 물으십시오. 이 세상에서 잘살 궁리만 하지 말고 정당하게 살 궁리를 하십시오.

기독교는 우리가 잘사는 것으로 증명되지 않습니다. 어렵게 살아도 떳떳하게 사십시오. 우리의 기쁨과 삶의 목표와 존재 가치는 결코 세상적인 것이 아닙니다. 아버지께서 무엇을 요구하시는지 묻는 사람이 되십시오. 하나님이 우리에게 많은 것을 요구하시리라 생각됩니다. 지는 것 같으면서도 최후 승리를 믿는 자, 없으면서도 나누어 주는 자, 천대받지만 불행하지 않은 자가 될 것을 요구하고 계시다는 사실을 잊지 마십시오.

지금이야말로 그렇게 살아야 하는 때이고, 그렇게 살고자 마음먹으면 그렇게 살 수 있습니다. 모두가 극악무도해진 세상입니다. 모두가 자기 이익을 위해 얼마나 눈을 번뜩거리고 삽니까. 이런 시대에 끊임없이 하나님 앞에 길을 묻고 응답을 경청하며 당당하게 신자의 삶을 사십시오.

05

예수를
믿어
누리는
복

16 저물매 제자들이 바다에 내려가서 17 배를 타고 바다를 건너 가버나움으로 가는데 이미 어두웠고 예수는 아직 그들에게 오시지 아니하셨더니 18 큰 바람이 불어 파도가 일어나더라 19 제자들이 노를 저어 십여 리쯤 가다가 예수께서 바다 위로 걸어 배에 가까이 오심을 보고 두려워하거늘 20 이르시되 내니 두려워하지 말라 하신대 21 이에 기뻐서 배로 영접하니 배는 곧 그들이 가려던 땅에 이르렀더라 (요 6:16-21)

바다 위를 걸으신 예수님

본문에는 배를 타고 가던 제자들이 바다 위를 걸으시는 예수님을 보고 두려워한 일이 기록되어 있습니다. 이 일은 오병이어 사건 바로 다음에 이어지고 있습니다. 요한복음뿐만 아니라 이 일을 기록하고 있는 마태복음과 마가복음에도 그렇게 되어 있습니다. 예수님이 바다 위를 걸으신 사건이 왜 오병이어 사건 뒤에 이어지고 있을까요? 그 답을 찾기 위해 먼저 마가복음으로 가 봅시다. 6장 45절부터 보면 이 사건이 오병이어 사건과 어떻게 연결되는지 상세히 기록되어 있습니다.

예수께서 즉시 제자들을 재촉하사 자기가 무리를 보내는 동안에 배 타고 앞서 건너편 벳새다로 가게 하시고 무리를 작별하신 후에 기도하러 산으로 가시니라 저물매 배는 바다 가운데 있고 예수께서는 홀로 뭍에 계시다가 바람이 거스르므로 제자들이 힘겹게 노 젓는 것을 보시고 밤 사경쯤에 바다 위로 걸어서 그들에게 오사 지나가려고 하시매 제자들이 그가 바다 위로 걸어 오심을 보고 유령인가 하여 소리 지르니 그들이 다 예수를 보고 놀람이라 이에 예수께서 곧 그들에게 말씀하여 이르시되 안심하라 내니 두려워하지 말라 하시고 배에 올라 그들에게 가시니 바람이 그치는지라 제자들이 마음에 심히 놀라니 이는 그들이 그 떡 떼시던 일을 깨닫지 못하고 도리어 그 마음이 둔하여졌음이러라 (막 6:45-52)

예수님이 바다 위를 걸으시는 모습을 보고 제자들이 심히 놀란 것은, 예수님이 떡을 떼어 무리를 먹이신 기적을 깨닫지 못하고 그들의 마음이 둔하여졌기 때문이라고 합니다. 이 말씀을 통해 본문의 사건은 오병이어 사건에 담긴 메시지와 관련이 있다는 것을 추측해 볼 수 있습니다. 이 사건들을 통해 드러내려고 하는 메시지는 무엇일까요?

오병이어 기적은 예수님이 자신의 능력을 증명하기 위하여 일으키신 사건이 아닙니다. 우리가 무엇인가를 꺼내 놓아야 주님이 일하신다는 이야기도 아닙니다. 오병이어 사건은 우리가 가진 것으로는 우리의 필요를 절대 해결할 수 없다는 사실을 말해 줍니다. 우리가 가지고 있는 것, 이 세상의 것으로는 가망이 없다는 것입니다. 이는 배고픔이라는 육신의 필요뿐만 아니라 구원이라는 영적인 필요에서도 마찬가지입니다.

성경이 지적하고 있는 인간의 가장 큰 곤경은, 인간은 하나님 앞에 죄인이라는 사실입니다. 인간에게는 영원한 형벌을 피해 하나님

나라에 들어가 그 나라를 상속받을 방법이 없습니다. 성경은 언제나 '회개하라'라는 말부터 합니다. 세례 요한도 예수님도 '회개하라 천국이 가까이 왔느니라'라는 말로 복음을 전하기 시작했습니다. 우리의 죄를 지적하는 것으로 복음을 설명합니다. 우리에게는 하나님 나라에 들어갈 가능성도 실력도 없다는 뜻입니다. 오병이어 사건도 인간의 무력함을 보여 줍니다.

본문의 사건은 오병이어 사건에서 오해될 만한 부분을 제거해 주고 있습니다. 제자들은 일엽편주를 타고 풍랑이 이는 바다 위를 항해하고 있습니다. 그들은 갈릴리 바다에서 잔뼈가 굵은 사람들이니 바다는 그들에게 가장 자신 있는 곳일 것입니다. 그런데 이 사건에서는 큰 바람을 만나 고생하고 있습니다. 바다에 대해서라면 누구보다 잘 아는 제자들이지만 풍랑 앞에서는 쩔쩔맬 수밖에 없었던 것입니다.

우리 자신을 이 사건에 대입하여 생각해 봅시다. 본문에 나오는 바다는 세상을, 파도가 출렁이는 바다 위에 배를 탄 제자들은 우리를 가리킵니다. 우리 인생은 우리 자신이 가장 잘 아는 것 같지만 인생에 풍파가 닥치면 본문의 제자들처럼 우리도 속수무책입니다. 그렇게 인생은 우리 마음대로 조작할 수 있는 것이 아닙니다. 본문의 제자들이 보여 주듯 우리는 세상에서 어려움을 당할 수밖에 없는 존재입니다.

그런데 예수님은 풍랑이 이는 바다 위를 유유히 걸어오십니다. 걸어오셨다는 표현으로 보아 예수님에게는 파도나 바람이 아무런 영향을 끼치지 못한 것 같습니다. 그 모습을 보고 베드로가 예수님에게 자기도 물 위를 걷게 해 달라고 요청합니다. 마태복음 14장 27

절을 봅시다.

> 예수께서 즉시 이르시되 안심하라 나니 두려워하지 말라 베드로
> 가 대답하여 이르되 주여 만일 주님이시거든 나를 명하사 물 위로
> 오라 하소서 하니 오라 하시니 베드로가 배에서 내려 물 위로 걸어
> 서 예수께로 가되 바람을 보고 무서워 빠져 가는지라 (마 14:27-30)

아무리 실력 있는 어부라고 해도 배는 필요합니다. 그런데 예수님
은 배도 없이 물 위를 걸어오십니다. 파도가 넘실대는 바다 위를 걸
어오십니다. 풍랑이 심한데 예수님에게는 배조차 필요하지 않습니
다. 이 모습을 목격한 베드로는 예수를 믿으면 더 이상 배가 없어도
되겠구나 하고 기대한 것 같습니다. 그래서 예수님에게 '저에게도
그런 능력을 주십시오'라고 요구했을 것입니다. 그가 기대했던 것
은 물에 빠지지도 않고 파도도 이길 능력, 곧 세상을 이길 능력이었
을 것입니다.

베드로는 바다 위에 내려섰지만 도무지 바람이 잦아들지 않습니
다. 파도도 여전합니다. 그는 분명 예수님이 허락하셔서 바다에 내
려섰음에도 그치지 않는 바람을 보자 무서워 물에 빠져 버렸습니
다. 앞에 나온 오병이어 사건과 이 사건을 통해 예수님은 '나를 믿기
만 하면 굶주릴 일이 없고 거센 파도도 잠잠해져 아무 문제없이 살
것이라고 기대했다면 잘못된 생각이다. 내가 해결하려고 하는 것은
영적인 문제에 관한 것이다'라고 분명하게 말씀하고 있습니다.

신자의 복

예수를 믿고 말씀대로 살면 세상살이가 평안할 것이라는 약속은 성경에 없습니다. 예수를 믿어 얻게 되는 복은 보이는 세상이 전부가 아니며 보이는 것만이 가치 있는 것이 아님을 깨닫게 되는 데에서 시작됩니다. 영원한 나라가 있으며 예수님 덕분에 우리가 그 나라에 들어가게 되었다는 것을 알고 그 일을 준비하는 것이 복입니다. 하나님을 알게 되고 그분과 화해하게 된 것이 복입니다. 갈라디아서 6장을 봅시다.

> 스스로 속이지 말라 하나님은 업신여김을 받지 아니하시나니 사람이 무엇으로 심든지 그대로 거두리라 자기의 육체를 위하여 심는 자는 육체로부터 썩어질 것을 거두고 성령을 위하여 심는 자는 성령으로부터 영생을 거두리라 (갈 6:7-8)

세상에서 승리하고 성공하고 자랑하고 싶다면 세상 방법대로 하면 됩니다. 그런 것을 거두고 싶다면 굳이 기도하지 마십시오. 흔히들 이런 이야기를 합니다. '저는 기도해서 이만큼 기업을 이루었고 기도해서 제 아이가 여기까지 왔습니다.' 그것은 기도해서 그렇게 된 것이 아니라 세상 방법으로 노력했더니 된 것입니다. 땀 흘리고 성실하게 노력해서 얻은 결과이지 기도해서 된 일이 아닙니다. 기도한다고 성공이 보장되지 않습니다. 하나님의 일을 하는 데 꼭 성공해야 하고 돈이 많아야 하고 똑똑해야 하고 권세가 있어야 한다는 법은 없습니다. 기도는 이런 것을 확보하라고 허락된 것이 아닙니다. 그래도 기도하는 이유는 나의 최선을 그리스도께 바친다는 의미에서 하는 것입니다. 기도와 세상에서의 성공은 무관합니다. 기도하여 얻는 것은 영생입니다.

예수님은 우리의 영적 문제를 해결하러 오셨습니다. 그의 몸을 찢고 피를 흘려 우리 죄를 씻으신 것은 우리를 이 세상에서 부자가 되게 하기 위한 것이 아니라 하늘나라 백성으로 삼기 위한 것입니다. 그런데 예수님이 오병이어 사건을 일으키시자 사람들은 주께서 의도하신 것이 영적인 양식에 관한 문제라는 사실을 모르고 먹고 배부른 것에만 관심을 갖기 시작했습니다. 예수 믿는 것을 영원한 나라에 속한 문제로 생각하지 못하고 현실에서 고통을 해결하고 세속적인 성공을 통해 이익을 보는 것으로 오해했습니다. 요한복음 6장이 이 점을 어떻게 강조하고 있는지 24절부터 봅시다.

> 무리가 거기에 예수도 안 계시고 제자들도 없음을 보고 곧 배들을 타고 예수를 찾으러 가버나움으로 가서 바다 건너편에서 만나 랍비여 언제 여기 오셨나이까 하니 예수께서 대답하여 이르시되 내가 진실로 진실로 너희에게 이르노니 너희가 나를 찾는 것은 표적을 본 까닭이 아니요 떡을 먹고 배부른 까닭이로다 (요 6:24-26)

사람들이 예수님을 찾아다닌 것은 떡을 먹고 배불렀기 때문이라고 합니다. 우리도 이 점을 조심해야 합니다. 베드로도 이 문제 때문에 바다 위를 걷다가 물에 빠진 것입니다.

우리는 하늘나라를 준비하는 사람들입니다. 주께서 다시 오실 것이고 우리가 살고 있는 이 세상은 끝이 올 것입니다. 그렇다면 우리에게 진정한 복은 무엇일까요? 세상의 파도가 우리를 뒤흔들어 우리가 바다에 수장되더라도 그것으로는 우리가 가진 영원한 나라의 시민권과 하나님이 우리에게 주신 약속과 소망이 사라지지 않는다는 것을 아는 것입니다. 그것이 우리의 복이며 자랑입니다.

영원한 나라를 바라는 자들

세상을 사는 동안 편하고 행복하게 살게 해 달라고 요구하는 것은 진정한 신자의 태도가 아닙니다. 기독교가 이야기하는 신앙도 아닙니다. 세상에서 잘살기 위해서 신자가 될 필요는 없습니다. 건강하기 위해서는 운동을 하는 것이 좋은 방법이고 돈을 많이 벌기 위해서는 땀 흘려 성실하게 일하는 것이 좋은 방법입니다. 십일조를 낸다고 복을 받는 것도 아닙니다. 백만 원을 버는 사람이 십일조로 십만 원을 내면 십만 원 손해입니다. 백만 원으로 더 넉넉히 살 수 있는데 구십만 원만 가지고 사니 손해입니다. 십일조를 내면 먹을 것에 대한 걱정이 없어질까요? 그렇지 않습니다. 십일조를 안 내도 쪼들리는데 십일조까지 내니 그만큼 더 쪼들리게 됩니다. 십일조로 결코 이익을 보지 못합니다. 아픈 몸을 무릅쓰고 교회에 간다면 더 아프게 될 것이 뻔합니다. 교회에 나간다고 병이 낫지 않습니다.

예수 믿는 사람들은 자신의 생애를 세상에서 성공한 것으로 자랑하지 않습니다. 성경과 교회사는 예수 믿는 사람의 가장 자랑스러운 모습을 순교라고 보여 주는 것 같습니다. 진실한 기독교인은 이 세상을 살아가는 데에 가장 미련하고 어리석은 사람처럼 보입니다.

예수 믿는 사람은 잠시 지나갈 이 세상이 아닌 영원한 나라를 위해 준비해야 한다는 사실을 알기에 세상이 말하는 행복을 포기하며 살기 때문입니다.

주께서 우리에게 허락하신 것은 하나님 나라를 위한 모든 것이지, 이 세상에서 잘살기 위한 것들이 아닙니다. 하나님이 세상을 살아가는 데 필요한 도움을 주시지 않는 것은, 이 세상을 살아가기 위하여 필요한 것들이 하늘나라를 준비하는 데 필요한 것들과 정면으로 충돌하기 때문입니다. 이 세상에서 승리하려면 옆 사람을 밟고 올라서야 합니다. 사람들을 속이고 일어서야 합니다. 그러나 하늘나라를 준비하는 사람은 자신을 죽여 옆 사람을 세워야 하고 세상에서 얻은 모든 것들을 주를 위해 사용해야 합니다. 그러니 이 세상에서 잘살겠다는 사고방식으로 어떻게 하늘나라를 준비할 수 있겠습니까. 예수를 믿는다는 명분으로 하나님에게 무엇을 요구하고 기대하는지 스스로를 깊이 들여다보십시오.

예수를 믿어 세상에서 얻는 이익은 없습니다. 그런데도 우리는 교회에 나옵니다. 주께서 다시 오실 것을 알기 때문에 최소한의 준비는 하고 있는 것입니다. 예수님이 오셔서 우리의 출석부를 보시지는 않겠지만 적어도 교회에 나가는 일은 해야 할 것 같아서 그렇습니다. 그러면서도 사람은 얼마나 교활한 존재인지, 한 발만 교회에 살짝 걸쳐 놓은 채 여전히 세상에서 필요한 것들을 요구하고 있습니다. 그래서 물에 빠져드는 것입니다. 예수님을 먹고사는 문제들을 해결해 주시고 자랑할 것들을 주실 분으로 생각하고 물 위를 걷다가 어느 순간 물에 빠져 버리는 것입니다. 베드로가 바다 위를 걷다가 물에 빠진 것과 똑같은 모습입니다.

우리는 세상도 탐낼 만한 무엇인가를 소유하여 세상 사람들의 코를 납작하게 해 줄 만한 능력을 기대하며 예수를 믿는 것이 아닙니다. 우리에게는 예수 그리스도를 아는 것이 전부입니다. 요한복음은 이 점을 계속해서 강조하고 있습니다.

> 예수께서 이르시되 나는 생명의 떡이니 내게 오는 자는 결코 주리지 아니할 터이요 나를 믿는 자는 영원히 목마르지 아니하리라 (요 6:35)

예수님은 생명의 떡입니다. 오병이어 사건은 예수님이 당신의 살과 피를 나누어 주시는 것을 상징합니다. 예수님은 우리가 바친 것을 크게 부풀려서 우리에게 다시 돌려주시는 분이 아닙니다. 우리가 가진 재능이나 물질을 주 앞에 바쳤다고 뻥튀기되어 돌아오지 않습니다. 우리는 우리의 헌신과 열심을 드렸을 뿐이고 우리에게 진정으로 필요한 것은 오직 그분입니다. 그분만이 우리의 길이고 진리이고 생명입니다. 우리에게 필요한 생명의 양식은 주님에게서만 나옵니다. 우리가 꺼내 놓은 열심과 신앙심이 우리의 양식이나 특별한 능력이 되는 것이 아닙니다. 오직 그분만이 우리의 생명이시기 때문입니다.

예수님이 바다 위를 걸으신 사건의 마지막에는 제자들이 '기뻐서 배로 영접하니 배는 곧 그들이 가려던 땅에 이르렀'(요 6:21)다고 되어 있습니다. 의미 있는 묘사입니다. 주님이 배에 오르시자 배가 목적지에 도달했습니다. 주님을 소유하자 제자들은 세상의 파도와 관계없는 자들이 된 것입니다. 예수님처럼 파도 위를 걸을 수 있는 능력을 가지게 되었다는 것이 아니라, 바람이 불고 파도가 쳐도 주님을 영접하니 주님과 함께 가려던 땅에 이르게 된 것입니다.

주님을 모셨기 때문에 우리에게 이미 천국이 임했다는 사실을 아십니까? 주님이 '호령과 천사장의 소리와 하나님의 나팔 소리로 친히 하늘로부터'(살전 4:16) 오실 때, 우리는 주님과 함께 영원한 나라에 들어갈 것이지만 실은 예수를 영접한 지금 이 순간이 바로 천국입니다.

왜 예수님을 구주로 영접했습니까? 왜 교회에 나갑니까? 우리는 무엇을 기대합니까? 만일 우리가 하나님을 알고 다가오는 영원한 나라를 준비하는 사람이라면, 이 세상 풍파와 상관없는 존재가 된 것입니다. 여전히 바람이 불고 파도가 칠 것입니다. 그러나 이제 우리는 성공을 해도 기쁘고 안 해도 기쁘고 아픔 속에서도 기뻐할 수 있게 되었습니다. 예수님을 모시자 파도가 쳐도 흔들리지 않는 반석 위에 서 있는 존재가 된 것입니다.

스스로를 점검해 보십시오. 예수 믿어 배부르기 원합니까? 그것이 영적 배부름이기를 바랍니다. 세상에서 배부르게 살고 싶다면 열심히 일하십시오. 세상의 것을 예수님에게 와서 찾지 마십시오.

스스로 속이지 말라 하나님은 업신여김을 받지 아니하시나니 사람이 무엇으로 심든지 그대로 거두리라 (갈 6:7)

우리는 영원한 나라의 영원한 상급을 위하여 신령한 것을 심기로 약속한 사람들입니다. 세상의 파도, 세상의 오해, 세상의 경멸에 지지 말고 승리하십시오.

하나님이
시작하신
구원

39 나를 보내신 이의 뜻은 내게 주신 자 중에 내가 하나도 잃어버리지 아니하고 마지막 날에 다시 살리는 이것이니라 **40** 내 아버지의 뜻은 아들을 보고 믿는 자마다 영생을 얻는 이것이니 마지막 날에 내가 이를 다시 살리리라 하시니라 (요 6:39-40)

복음서가 기록된 이유

본문은 예수께서 자기를 믿을 것을 요구하시는 말씀입니다. 이것은 기독교 신앙의 근거이며 기초입니다. 대부분의 신자들이 잘 아는 내용이라고 생각하지만 제대로 이해하기가 만만치 않습니다. 성경을 잘 살펴보아야 합니다. 26절부터 보겠습니다. '내가 진실로 진실로 너희에게 이르노니 너희가 나를 찾는 것은 표적을 본 까닭이 아니요 떡을 먹고 배부른 까닭이로다 썩을 양식을 위하여 일하지 말고 영생하도록 있는 양식을 위하여 하라'(요 6:26-27). 예수님은 오병이어 사건 후 자신을 쫓아온 사람들을 꾸짖으십니다. 이 말씀을 듣고 사람들은 '우리가 어떻게 하여야 하나님의 일을 하오리이까'라고 묻습니다. 예수님의 답이 29절에 이어집니다. '하나님께서 보내신 이를 믿는 것이 하나님의 일이니라.'

이 구절을 읽고 우리는 너무도 쉽게 '예수를 믿는 것이 성경의 요구이다'라고 간단히 정리합니다. 이것이 틀린 것은 아니지만 우리는 '예수를 믿는다'라는 말에 담긴 의미를 깊이 생각하지 않습니다. 예수님은 오병이어 기적을 내세워서 사람들에게 믿음을 촉구하고 계신 것일까요? 32절부터 다시 봅시다.

> 예수께서 이르시되 내가 진실로 진실로 너희에게 이르노니 모세가 너희에게 하늘로부터 떡을 준 것이 아니라 내 아버지께서 너희에게 하늘로부터 참 떡을 주시나니 하나님의 떡은 하늘에서 내려 세상에 생명을 주는 것이니라 그들이 이르되 주여 이 떡을 항상 우리에게 주소서 예수께서 이르시되 나는 생명의 떡이니 내게 오는 자는 결코 주리지 아니할 터이요 나를 믿는 자는 영원히 목마르지 아니하리라 (요 6:32-35)

우리는 '예수 믿는다'라는 말을 너무 쉽게 생각하고 사용합니다. 그러나 성경은 이 말을 의도적으로 가려서 쓰며, 그 초점이 흐려지지 않고 분명하게 전달되도록 애쓰고 있습니다.

예수님이 오병이어 사건을 보여 주시면서 그것을 근거로 당신을 믿으라고 하셨고 그 때문에 우리가 믿는 것이라면, 예수님이 행하신 모든 일은 우리의 선택을 이끌어 내기 위한 수단에 불과한 것이 됩니다. 그러나 그렇지 않습니다. 예수님이 베푸신 모든 기적은 우리의 선택을 촉구하기 위해 마련된 것이 아니었습니다. 구원은 그런 식으로 이루어지지 않기 때문입니다. 예수님은 이 방법 저 방법을 다 써 보다가 안돼서 최후 수단으로 십자가를 지신 것이 아닙니다. 이 점을 기억해야 본문 말씀을 제대로 이해할 수 있습니다.

예수님은 이 세상에 죽으러 오셨습니다. 처음부터 우리를 위하여 죽으려고 태어나신 분입니다. 예수 그리스도는 하나님 아버지께서 우리 죗값으로 죽이기 위하여 이 땅에 보내신 분이기 때문입니다. 우리는 예수님이 행하신 일을 보고 생명으로 나아가는 선택을 할 수 있는 사람들이 아닙니다. 예수님이 십자가에 달려 돌아가신 것만으로 우리의 구원은 이미 완성되었습니다. 십자가는 우리가 구원 얻을 유일한 방법이기 때문입니다.

그렇다면 예수님은 무엇을 위해 기적을 행하셨을까요? 또 성경은 왜 그 일들을 기록했을까요? 예수님은 당신이 하시려는 일이 무엇인지 설명하기 위해 기적을 행하셨습니다. 이 설명은 구원 얻은 사람들에게 필요한 것입니다. 예수님의 사역을 기록한 복음서는 예수를 믿어 구원을 얻는다는 것이 무엇인지를 설명하기 위해 쓰였습니다. 구원은 우리로 말미암지 않고 예수 그리스도로 말미암는다는 것입니다. 그렇지만 구원에는 우리가 동의하고 공감해야 하는 부분이 있습니다. 그래서 복음서는 예수님의 행적을 기록하고 우리에게 설명하는 것입니다.

구원은 죄인인 우리를 죄와 그 권세로부터 불러내어 하나님의 자녀라는 신분으로 회복시키는 작업입니다. 이 일은 오직 예수 그리스도만이 하실 수 있습니다. 그러나 그렇게 회복된 우리가 하나님의 자녀가 된 것에 동의하고 공감하지 않으면 자녀 된 자의 역할을 감당할 수 없습니다.

예수를 믿는 것이 나의 선택으로 된 것이라면, 구원은 내가 이룬 결과가 됩니다. 구원이 내가 한 선택의 결과라면, 구원은 종점이 됩니다. 그러나 예수 그리스도만이 구원의 주체인 것을 안다면 구원 얻은 것을 확인한 순간부터 하나님의 자녀로서 인생을 시작하게 됩니다. 우리가 그 시작을 할 수 있도록 복음서는 우리가 받은 구원에 대해 설명해 주고 있는 것입니다.

하지만 우리는 복음서를 읽으면서도 구원에 대한 그릇된 선입관을 그대로 가지고 있는 것 같습니다. 구원을 단순히 '우리가 예수를 선택하는 것' 정도로 생각합니다. 또한 성경에 나온 예수님의 행적들은 우리가 다른 종교를 선택하지 않고 예수 그리스도를 선택할 수 있도록 합당한 정보를 제공하기 위해 기록된 것이라고 생각합니다. 그렇지 않습니다. 구원은 하나님이 우리에게 기적을 보여 주어 우리를 설득하는 작업이 아니라, 하나님이 우리에게 오셔서 우리를 불러내시는 일입니다. 구원에 있어서 '왜', '어떻게'는 우리 쪽에 있지 않습니다. 복음서는 우리가 얻은 구원을 제대로 이해하도록 기록된 것입니다.

오직 예수로 말미암는 구원

지금까지 요한복음에 기록된 사건들을 차근차근 살펴보면 '예수를 믿는다'라는 말이 무엇이며 성경이 그것을 얼마나 잘 설명하고 있는지 알게 됩니다. 요한복음이 구원을 어떻게 설명하고 있는지 1장부터 6장까지의 내용을 훑어봅시다. 1장에서는 예수 그리스도가 누구신지를 그분의 신성을 들어 설명합니다. 2장에는 가나 혼인 잔치 이야기가 나오고, 3장과 4장에는 니고데모와 사마리아 여인의 이야기가 나옵니다. 5장에는 38년 된 병자가 베데스다 못에서 고침을 받은 사건이 나오고 6장에는 오병이어 사건이 나옵니다. 요한복음은 이 사건들을 통해 무엇을 보여 주려는 것일까요?

먼저 2장에 나온 가나 혼인 잔치에서 일어난 기적을 살펴봅시다. 혼인 잔치는 가장 기쁜 자리입니다. 그런데 혼인 잔치 도중에 술이 떨어졌습니다. 가장 기뻐해야 할 자리에서조차 기뻐할 수 없는 인간의 처지를 말해 주고 있습니다. 그런데 예수님이 오셔서 이 문제를 해결해 주십니다. 해결책은 우리에게서 나오는 것이 아닙니다. 우리가 내놓은 것으로 예수님이 어떻게 하시는 것도 아닙니다. 예수님이 물을 변화시켜 포도주를 만드시고 기쁨을 회복시켜 주십니다. 이렇듯 구원은 우리로부터 말미암지 않고 하나님이 선사하시는 것이라는 사실을 확인시켜 주려고 이 사건을 허락하신 것입니다.

3장에서 니고데모가 예수님을 찾아온 사건을 살펴봅시다. 니고데모가 가진 지위, 실력, 어떤 잘난 것도 하늘나라의 시민이 되는 데에 아무 도움이 되지 않습니다.

> 예수께서 대답하시되 진실로 진실로 네게 이르노니 사람이 물과 성령으로 나지 아니하면 하나님의 나라에 들어갈 수 없느니라
> (요 3:5)

니고데모에게 하신 말씀입니다. 우리가 들어가야 할 나라, 우리가 얻어야 할 하늘나라의 시민권은 우리가 가진 것으로는 결코 얻을 수 없다고 분명히 말씀하고 있습니다. 우리는 이 말씀을 듣고 절망할 수 있습니다. 니고데모 같은 사람도 안된다면 과연 누가 된다는 것일까요? 이어지는 4장이 이 질문에 답합니다. '걱정 마라. 구원

은 사람의 힘으로 얻을 수 없는 것이지만 절망할 필요는 없다. 구원은 주 예수 그리스도께서 선물로 주시는 것이다. 이 선물을 받는 데는 조건이 필요 없으니 누구라도 걱정할 것이 없다. 남편이 다섯이나 있었던 사마리아 여인도 구원받을 수 있었다.' 이것이 요한복음 4장의 내용입니다.

5장에는 구원이 우리가 아닌 하나님으로부터 말미암는다는 사실을 확실히 말해 주는 또 하나의 사건이 나옵니다. 베데스다 못에는 천사가 가끔 와서 물을 움직이게 하는데 그때 맨 먼저 들어가는 사람이 병 고침을 받습니다. 그런데 38년 된 중풍병자는 불편한 몸 때문에 물이 움직여도 못에 들어가지 못합니다. 무슨 재주로 병을 고칠 수 있을까요? 그는 예수님에게 병 고침을 받습니다. 이 사건은 구원을 이루기 위한 최소한의 협력조차도 우리는 할 수 없으며, 우리의 구원은 예수 그리스도로만 가능하다는 사실을 보여 줍니다.

이렇듯 요한복음은 1장부터 6장에 이르도록 구원은 우리가 이루는 것이 아니라 예수 그리스도가 이루어 주시는 것임을 알려 주고 있습니다. 이 모든 말씀은 예수님만을 선택하고 붙잡고 영접하라는 권면이 아닙니다. 우리는 스스로 선택하고 붙잡을 수 있는 존재가 못 되므로 구원은 우리 손에 달려 있지 않고 오직 예수 그리스도의 손에 있다는 것입니다. 이것이 이제까지 살펴본 요한복음 말씀의 핵심입니다.

스스로 교회에 나올 수 있는 사람은 아무도 없습니다. 예수님이 붙잡아 끌어와야만 나올 수 있습니다. 교회는 돈이나 건강의 보장을 약속해 주며 사람을 이끄는 곳이 아닙니다. 교회에는 예수 그리스도와 그분의 생명과 진리가 있을 뿐입니다. 생명과 진리 외의 것을 얻으려고 교회에 나올 이유는 없습니다. 그러면 우리가 생명과 진리를 알아본 것일까요? 아닙니다. 우리가 교회에 나아올 수 있었던 것은 오직 하나님에게 강권되었고 인도되었기 때문입니다.

우리는 스스로 그리스도를 택한 자들이 아닙니다. 예수를 믿는 문제에서 이것만큼 중요한 것이 없습니다. 구원을 어떻게 이해하느냐에 따라 친구의 구원을 위해 기도할 때 다른 표현이 나올 수가 있습니다. "주여, 이 친구가 주님을 선택하게 하여 주옵소서." "주여, 이 친구에게 은혜를 베풀어 주옵소서." 이렇게 다른 기도를 할 수 있습니다. 내가 예수를 선택한 것이라고 생각한다면, 우리는 늘 다른 사람들에게 '넌 왜 믿지 않니?'라고 물을 것입니다.

어떤 사람도 스스로 예수를 믿을 수는 없습니다. 오직 주님이 은혜를 베푸신 사람만이 예수를 믿게 될 뿐입니다. 구원은 그렇게 시작됩니다. 그런데도 사람들은 자기가 예수를 믿는다고 고백한 그 순간에 생기는 인식과 경험이 구원의 시작이라고 여깁니다. '이제부터 예수를 믿기로 했습니다. 오직 예수님만이 진리요, 생명이요, 하나님이신 줄을 내가 압니다'라고 말할 때 구원이 시작된다고 생각합니다. 예수님을 어떻게 알게 되었는지는 모른 채 자신이 예수를 선택해서 믿게 되었다고 생각하는 것입니다. 그렇지 않습니다. 우리는 예수님이 알게 하셔서 믿게 된 것입니다.

'썩을 양식을 위하여 일하지 말고 영생하도록 있는 양식을 위하여 일하라. 내가 생명의 떡이다'라고 하신 예수님의 말씀은 사람들에게 믿음을 촉구하기 위한 것이 아니라고 했습니다. 왜 예수님은 사람들에게 믿음을 요구하지 않으셨을까요? 만약 그 말씀으로 사람들이 믿었다면 그 시점에 하나님의 일은 다 이루어졌을 것이고 예수님이 죽으실 필요도 없었을 것입니다. 그러나 예수님은 죽으셔야 했습니다. 구원은 예수님의 죽으심 외에는 다른 어떤 방법으로도 이루어지지 않기 때문입니다.

구원의 결과가 전도나 설득의 방법에 따라 달라지는 것이 아니라는 것을 잘 보여 주는 대표적인 예가 성경에 나옵니다. 거지 나사로와 부자가 한 동네에서 살다가 죽었습니다. 부자가 지옥에 가서 고통 중에 눈을 들어 보니 거지 나사로가 아브라함의 품안에 안겨 있습니다. 부자가 아브라함에게 요구합니다. "나사로를 세상에 보내서 내 형제와 친척들은 이곳에 오지 않게 해 주십시오." 그러자 아브라함은 "그들에게는 모세와 선지자가 있다"라고 합니다. 다시 부자가 "아닙니다. 제 형제들이 그들의 말은 안 들을지 모릅니다. 그러나 죽은 자가 살아서 이야기하면 들을 것입니다"라고 합니다. 그때 아브라함이 뭐라고 합니까? "모세와 선지자의 말을 듣지 않으면 설령 죽은 자가 살아나서 이야기해도 듣지 않을 것이다."

우리가 흔히 오해하는 부분입니다. 설명을 더 잘하면 사람들이 알아들을 것이라고 착각합니다. 살아 있는 사람들에게라면 방법에 따라 이해가 더 잘 되는 설명이 있을 수 있습니다. 그러나 시체 앞에서는 누가 설명해도 마찬가지입니다. 시체는 들을 수가 없기 때문입니다. 아무리 명강사가 설명해도 시체는 알아들을 수 없습니다.

성경은 구원에 대해 언제나 이렇게 이야기를 시작합니다. 한 영혼을 돌려놓아 회복시키고 그 영혼으로 새로운 생명을 얻게 하는 일은 예수 그리스도의 손에만 달려 있다는 것입니다. 그분만이 하실 수 있는 일이고, 그분이 죽으셔야만 되는 것입니다.

하나님은 우리가 예수 그리스도의 피로 생명을 얻는 것만을 목적하지 않으십니다. 구원 얻은 모든 백성이, 예수님이 누구신지를 알고 그분이 누구 때문에 이 자리까지 왔으며 무엇을 위하여 부름 받았는지 깨달아 하나님의 자녀로서 자발적 삶을 살기 원하십니다.

우리는 예수 믿는 것을 과시하기 위해 교회에 나가는 사람들이 아닙니다. 우리는 깨닫지 못했을 때, 죄인이었을 때, 각기 제 길로 도망 다녔을 때 예수 그리스도께서 십자가에 피 흘리신 은혜의 결과로 이 자리에 서 있게 된 자들입니다. 그러므로 '저도 주를 믿습니다'라고 겸손히 고백할 뿐입니다. 만일 구원을 내가 선택한 결과라고 여긴다면 '저 사람들은 안 믿는데 나는 믿는다'라고 하면서 다른 이들에게 자랑할 것입니다. 그러나 우리의 선택이나 행위로 예수를 믿게 된 것이 아니기 때문에 우리에게는 결코 자랑할 것이 없다고 성경은 말씀합니다.

구원이 은혜의 결과라는 사실을 알게 되면 우리는 비로소 살 이유와 목표와 방법을 묻게 됩니다. '하나님이 죽었던 나를 죄에서 이끌어 내 이 자리에 앉히셨습니다. 나는 죄악된 세상의 종노릇하던 자리에서 부름 받아 거룩한 자가 되었습니다. 주를 믿게 되었습니다. 이제 하나님의 자녀로서 어떻게 살아야 하며 무엇을 목표로 삼고 살아야 합니까?' 하고 물을 수 있게 됩니다. 이렇듯 구원받은 것은 시작입니다. 구원받은 것으로 끝이 아닙니다.

예수님은 기적을 통해 죄인들이 변화될 것이라고 기대하지 않으셨습니다. 그러니 기적이 일어났다고 해서 누군가가 감격하여 믿게 되는 일이 일어날 것이라고 생각하지 마십시오. 예수님은 '내가 곧 생명이니 나로 말미암지 않고는 아버지께로 올 자가 없고 나만이 너희를 구할 수 있다'라고 선언하십니다.

> 그러나 내가 너희에게 이르기를 너희는 나를 보고도 믿지 아니하는도다 하였느니라 (요 6:36)

복음서를 보면서 우리가 가장 많이 오해하는 부분입니다. '이런 기적을 보고도 왜 믿지 않느냐? 이 바리새인들아, 사두개인들아.' 이렇게 생각한다면 복음서를 전적으로 오해하고 있는 것입니다. 복음서는 사람들을 구원하기 위하여 기적들을 기록하고 있지 않습니다. 우리의 경우도 마찬가지입니다. 아무리 영적인 사건, 기적적인 사건이 벌어진다고 해도 우리는 맹인이어서 구원에 대해 알 수 없습니다.

구원은 오직 하나님의 손에 달려 있어서 그분이 우리를 불쌍히 여기셔서 우리를 새 생명으로 창조하실 때에만 가능합니다. 우리는 구원을 구하지 않았고 기적을 보고 항복하지도 않았으며 손을 들어 도와 달라는 의사표시를 한 적도 없습니다. 우리는 다 하나같이 널브러져 있었을 뿐입니다. 우리가 하나님을 향하여 어떤 호의나 결심이나 선택을 보였다고 할지라도 그와 같은 행동의 원인은 먼저 우리를 구원해 주신 하나님에게 있습니다. 구원받은 우리는 이제 그분의 자녀답게 살면 됩니다. 우리에게는 그 씨름 외에 아무것도 필요하지 않습니다.

그런데 아직도 우리는 기적을 보여 주어 '주 예수를 믿으라'라고 촉구하고 싶은 유혹에서 벗어나지 못하고 있습니다. 믿지 않은 형제들, 이웃들, 친구들에게는 복음을 설명할 방법이 없어서 그렇게 표현할 수밖에 없더라도, 그 의미는 정확히 알고 있어야 합니다.

우리가 교회에 나와 앉아 있는 것이 얼마나 큰 기적이고 특권이고 은혜인지 모릅니다. 우리가 항복해서 나오지 않았습니다. 하나님이 이끄셔서 나온 것입니다. 교회에 나오는 것만큼 우리 생애에서 가장 큰 기적은 없다는 사실을 기억하십시오. 우리의 복은 다른 데 있지 않습니다. 우리의 복은 예수 그리스도께서 나를 선택하셨고 붙드셨다는 데 있습니다.

내 운명이 더 이상 내 손에 달려 있지 않다는 것을 아는 자리에서 우리는 자신이 보잘것없는 존재라는 것을 알게 됩니다. 그러나 그 자리에 있게 되어 우리의 영원한 운명이 하늘 보좌 우편에 있다는 사실 역시 확신하며 감격하게 됩니다.

우리는 '다 내게로 오라'라는 말을 들어도 행동에 옮기지 못합니다. 한 번도 우리가 먼저 손을 들어 무엇인가를 행한 적이 없습니다. 오직 예수님이 이 땅에 오셔서 맡은 일을 행하시고 십자가에 죽으심으로 말미암아 우리를 구속해 내신 것입니다. '내게로 오라 주리지 않게 하리라'라는 약속을 하시고 우리를 붙잡으셔서 주리지 않고 목마르지 않게 하시며, 우리 입술에 감사와 찬송이 풍성하도록 하신 것입니다.

우리는 선한 것을 자발적으로 만들지 못합니다. 우리의 상태는 여전히 한심합니다. 그럼에도 우리를 죽음의 자리에서 이곳까지 끌고 오신 하나님의 역사와 간섭과 열심이 기어코 우리를 면류관 쓰는 자리로 인도할 것을 확신할 수 있습니다. 이것이 복음서의 내용입니다. 어느 날 갑자기 교회에 나와 앉아 있는 내 모습을 보게 되었을 때, 우리는 그것이 전적으로 그리스도의 은혜라는 것을 깨닫게 됩니다. 우리는 그분의 은혜로 말미암아 새롭게 되었습니다. 우리가 한 일이 아니라 그분이 하신 일입니다. 그분이 우리를 바로 이자리에 오게 하셨고, 이제 천국까지 이끌어 주실 것입니다.

항복하기까지
함께하시는
하나님

44 나를 보내신 아버지께서 이끌지 아니하시면 아무도 내게 올 수 없으니 오는 그를 내가 마지막 날에 다시 살리리라 (요 6:44)

내게 주신 자

오병이어 사건 이후 예수님과 그분을 쫓아온 무리 사이에 긴 대화가 이어집니다. 오병이어로 사람들을 먹이신 예수님은 '내 아버지께서 너희에게 하늘로부터 참 떡을 주시나니 하나님의 떡은 하늘에서 내려 세상에 생명을 주는 것이니라'(요 6:32-33)라고 하십니다. 이렇게 예수님이, 생명을 주는 하나님의 떡에 대해 말씀하시자 유대인들이 '주여 이 떡을 항상 우리에게 주소서'(요 6:34)라고 요청합니다. 그러자 예수님은 35절에서 한 번 더 강조하십니다. '나는 생명의 떡이니 내게 오는 자는 결코 주리지 아니할 터이요 나를 믿는 자는 영원히 목마르지 아니하리라.'

예수님의 말씀을 듣고 사람들이 즉시 떡을 구하고 있으니 35절 말씀은 이렇게 들립니다. '너희가 지금 결심한 것이 얼마나 잘한 일인 줄 아느냐. 너희는 참으로 중요한 결정을 내린 것이다. 이제 내게 왔으니 다시는 주리지 않고 다시는 목마르지 아니하리라.' 이렇게 보면, 36절에는 '착하고 충성된 종아, 잘하였다'와 같은 칭찬이 이어져야 할 것입니다. 그런데 36절은 그런 내용이 아닙니다.

> 그러나 내가 너희에게 이르기를 너희는 나를 보고도 믿지 아니하는도다 하였느니라 (요 6:36)

예수님의 말씀은 '그러나'로 이어집니다. 오병이어의 기적이 있었으나 사람들은 예수가 누구인지 몰라보았습니다. 아무도 예수를 믿지 않았습니다.

그런데 여기서 40절 말씀을 볼 필요가 있습니다. 거기에는 '내 아버지의 뜻은 아들을 보고 믿는 자마다 영생을 얻는 이것이니 마지막 날에 내가 이를 다시 살리리라'라고 되어 있습니다. 36절과 이 40절을 비교해 봅시다. 두 구절 모두 믿음에 대해 이야기하고 있지만 결론이 다릅니다. 36절에서는 사람들이 예수님을 보고도 믿지 않았다고 하는데 40절에서는 사람들이 예수님을 보고 믿어 영생을 얻는 일에 대해 이야기하고 있습니다. 어떻게 36절에서는 불가능했던 일이 40절에서 가능할 수 있을까요? 36절과 40절 사이에 무슨 일이 일어난 것일까요? 37절부터 다시 봅시다.

> 아버지께서 내게 주시는 자는 다 내게로 올 것이요 내게 오는 자는 내가 결코 내쫓지 아니하리라 내가 하늘에서 내려온 것은 내 뜻을 행하려 함이 아니요 나를 보내신 이의 뜻을 행하려 함이니라 나를 보내신 이의 뜻은 내게 주신 자 중에 내가 하나도 잃어버리

지 아니하고 마지막 날에 다시 살리는 이것이니라 (요 6:37-39)

'내게 주시는 자'라는 말이 반복해서 나옵니다. 아버지께서 '내게 주신 자'가 있다고 합니다. 그리고 그렇게 아버지께서 주신 자를 살리는 일이 있습니다. 아버지께서 주신 자를 살리는 일, 이것이 바로 구원입니다. 이런 일이 있기에 40절에서 '아들을 보고 믿는 자마다 영생을 얻는'다고 말씀한 것입니다. 이 과정을 요약한 것이 44절입니다.

나를 보내신 아버지께서 이끌지 아니하시면 아무도 내게 올 수 없으니 오는 그를 내가 마지막 날에 다시 살리리라 (요 6:44)

여기서도 역시 아버지께서 이끌어 주시는 자에 대해 언급하고 있습니다. 아버지께서 예수 그리스도에게 부탁한 영혼들이 있다는 것입니다. 이 말씀을 통해 우리는 아버지께서 이끄시는 자가 아니면 예수님을 보고 그분이 일으키신 기적을 보아도 예수님을 믿지 않을 수 있다는 사실을 알 수 있습니다.

예수님은 사람들에게 믿음을 요구하러 오신 것이 아니라 '아버지께서 내게 주신 자'들을 살려 내러 오셨습니다. 예수님은 사람들이 이적을 보고 응답하여 자기에게 오게 하려고 오병이어 사건을 일으키신 것이 아닙니다. 예수님은 사람들이 스스로 하나님에게 응답할 수 없는 존재, 스스로 예수님을 믿을 수 없는 존재라는 것을 잘 알고 계셨습니다.

요한복음 6장 37절부터 39절은 예수님이 하실 일이 무엇인지 알려 줍니다. 예수님은 아버지께서 자기에게 주신 자를 살려 내는 일, 곧 우리의 눈을 뜨게 해 주시는 일을 하러 오셨습니다. 이것이 요한복음이 이야기하고 싶은 내용입니다. 요한복음 1장을 다시 봅시다.

> 빛이 어둠에 비치되 어둠이 깨닫지 못하더라 하나님께로부터 보내심을 받은 사람이 있으니 그의 이름은 요한이라 그가 증언하러 왔으니 곧 빛에 대하여 증언하고 모든 사람이 자기로 말미암아 믿게 하려 함이라 (요 1:5-7)

인간의 영적 상태에 대해 요한복음보다 더 잘 설명해 주는 성경도 없습니다. 인간은 예수가 와도 예수인지 모르고 빛이 비쳐도 빛인지 모릅니다. 왜 그럴까요? 보지 못하기 때문입니다. 이것이 요한복음의 선언입니다.

볼 수 있는 사람들에게만 빛을 설명할 수 있습니다. 보지 못하는 사람에게는 빛을 설명할 수가 없습니다. 빛은 손에 잡히는 것이 아니기 때문입니다. 귀로 듣거나 냄새로 알 수도 없습니다. 빛은 시력 외에 어떤 것으로도 감지할 수가 없습니다. 세례 요한도 빛을 설명한 것이 아니라 빛이 있다고 외칠 뿐이었습니다. 보지 못한다면 빛은 설명해도 알 수가 없기 때문입니다. 이것이 요한복음이 꼭 알려 주고 싶어 하는 핵심입니다. 예수님이 오셔서 우리 눈을 뜨게 하셔야만 우리가 예수님을 알아볼 수 있게 되는 것입니다. 이 일은 예수님이 십자가를 지셔서 이루어집니다.

눈을 뜨게 하시는 하나님

하나님은 예수 그리스도로 말미암아 우리의 눈을 뜨게 하셔서 예수님을 보게 하시고 하나님을 알게 하십니다. 그러나 이 일로 하나님이 우리에게 이루려고 하시는 바가 끝난 것은 아닙니다. 하나님의 구원은 더 나아갑니다. 하나님은 우리 입으로 '예수를 믿겠습니다'라고 고백하는 데까지 우리를 이끌어 가십니다.

구원은 예수님을 선택하고 선택하지 않고의 문제가 아니라 우리가 예수님을 볼 수 있느냐 없느냐의 문제입니다. 이 점을 혼동하면 믿지 않는 사람들에 대해 '나는 예수를 보고 바로 믿었는데, 그들은 예수를 보고도 믿지 않는다'라고 오해하게 됩니다. 모든 믿는 자는 예수 그리스도로 말미암아 눈을 떠 예수님을 보게 되었고 그래서 그분을 영접하게 된 것입니다. 눈을 뜨지 않고서는 예수를 볼 수 없고 그를 영접할 결심이 생기지 않습니다. 아버지께서 이끌지 않으면 어느 누구도 아버지를 알 수 없고, 예수 그리스도를 알 수 없고, 영의 세계에 관하여 감각이 있을 수 없습니다.

구원받은 우리는 하나님이 사랑하셔서 하늘나라 백성으로 택하신 자들입니다. 하나님이 우리에게 아들을 보내셔서 우리의 영안을 열어 주시고 진리를 보여 주심으로 예수 그리스도를 선택하게 하신 것입니다.

하나님이 우리를 구원하시기 위해 얼마나 많은 일을 동원하셨는지 안다면 참으로 놀라운 감동을 얻게 됩니다. 하나님은 우리의 눈만 고쳐 놓은 채 그냥 내버려 두시는 것이 아닙니다. 눈을 열어 주시고 세상과 예수 그리스도를 모두 보게 하시고 우리에게 선택하게 하십니다. 세상을 가려 놓고 예수 그리스도만 바라보게 하지 않으십니다. 세상이 무엇이며 영원한 나라가 무엇인지 그 실체를 보게 하시고 진리를 선택하게 하십니다.

신자와 불신자의 가장 큰 차이가 무엇입니까? 불신자는 무엇이 진리이며 귀중한 것인지를 더 이상 돌이킬 수 없을 때에야 비로소 깨닫습니다. 그러나 신자는 돌이킬 수 있을 때 깨닫습니다. 하나님이 사랑하는 백성에게는 돌이킬 수 있을 때 깨닫게 하려고 결과를 일찍 보여 주십니다.

사람들은 이 세상이 전부가 아니라 내세가 있다는 것을 죽어서야 알게 됩니다. 그런데 죽고 난 다음에는 영원한 나라를 준비할 시간이 없다는 것이 문제입니다. 하나님의 백성이 아닌 자들은 돌이킬 수 없을 때 그 사실을 알게 됩니다. 이 세상이 전부가 아니라는 것과 영원을 준비해야 한다는 것, 세상에서 추구했던 것들이 헛되다는 것을 그때 비로소 알게 됩니다. 그러나 신자는 돌이킬 수 있을 때 그 사실을 깨닫습니다. 하나님이 신자에게는 살아 있는 동안에 가르치시는 것입니다.

우리는 신자가 되어서도 얼마나 거꾸로 살고 있는지 모릅니다. 주를 믿으면서도 세상을 깨닫는 고통을 없애 달라고 합니다. 세상의 실체를 깨닫게 하려고 주시는 아픔을 면하게 해 달라는 것입니다. 이런 기도는 주를 믿었으니 곱게 지옥에 보내 달라는 것이나 마찬가지입니다. 끔찍한 기도입니다. 그래서 하나님은 우리 앞에 환난을 두시고 우리가 '주님, 이제는 주님의 말씀에 순종하여 살겠습니다'라는 고백에 이르도록 하십니다.

우리의 믿음은 어느 날 내가 예수님에게 드디어 항복하게 되었다는 고백으로 표현됩니다. 우리가 구원받은 날은 언제일까요? 내가 구원을 깨닫고 예수 그리스도를 믿겠다고 선언한 날일까요? 아니면 예수님이 나를 위해 십자가에 달려 돌아가신 2천 년 전의 그 사건이 일어난 때일까요? 훨씬 더 거슬러 올라가서 하나님이 창세전에 나를 택하신 때일까요?

우리가 '예수 그리스도를 영접하고 믿습니다'라고 고백한 날은 우리가 하나님의 설득에 항복한 날입니다. 즉 내가 결심한 날이고 내가 항복한 날이지만 구원은 그것보다 훨씬 전에 일어난 일입니다. 그날은 언제일까요? 하나님이 내 눈을 열어 주신 날입니다. 어떤 사람은 눈이 열리고 결심하는 일이 동시에 일어나기도 합니다. 또 어떤 사람은 눈이 열리고 훨씬 나중에 결심하기도 합니다.

성경은 우리가 창세전에 택함을 받아 이미 영원 전부터 하나님의 백성이라고 합니다. 어느 날 우리는 그 사실을 받아들이고 '나의 나된 것은 그리스도의 은혜입니다'라고 고백하게 되는 것입니다. 그러니 우리에게 일어난 일을, 내가 스스로 믿어서 구원 얻은 것이라고 설명할 수는 없습니다.

우리는 '당신은 어떻게 구원을 얻었습니까?'라는 물음에 서슴없이 그리스도의 은혜와 긍휼과 하나님의 사랑 때문이라고 대답합니다. 그런데 아직도 당신이 믿은 날이 언제이며 어떤 결단을 통해 구원을 얻었냐고 묻는 사람이 있다면 구원을 깊이 생각하지 않는 사람입니다. 우리에게 중요한 것은 언제 예수를 영접했는지가 아닙니다. 중요한 것은 우리가 '예수를 믿겠습니다. 당신은 갈보리에서 나를 구원했습니다'라고 고백하게 되었다는 사실입니다.

지금도 하나님은 누군가의 눈을 뜨게 하시고 그를 항복 지점까지 이끌어 가고 계십니다. 아직도 '예수님을 믿습니다'라고 선뜻 고백하지 못하는 사람이 있을 수 있습니다. 그러나 머뭇머뭇하는 그 상태에 언제까지나 머물러 있지는 않습니다. 그 사람도 언젠가 고백하게 되고야 말 것입니다. 그 과정을 겪는 것만으로도 기뻐할 수 있습니다. 이 문제를 생각할 때 떠올릴 성경 인물이 있습니다. 믿음에 관해서 우리가 가장 많이 오해하는 사람입니다. 바로 아브라함입니다. 로마서 4장을 봅시다.

> 아브라함이 바랄 수 없는 중에 바라고 믿었으니 이는 네 후손이 이같으리라 하신 말씀대로 많은 민족의 조상이 되게 하려 하심이라 그가 백 세나 되어 자기 몸이 죽은 것 같고 사라의 태가 죽은 것 같음을 알고도 믿음이 약하여지지 아니하고 믿음이 없어 하나님의 약속을 의심하지 않고 믿음으로 견고하여져서 하나님께 영광을 돌리며 약속하신 그것을 또한 능히 이루실 줄을 확신하였으니 그러므로 그것이 그에게 의로 여겨졌느니라 (롬 4:18-22)

이 말씀을 쉽게 읽으면 아브라함이 의롭다고 여김을 받은 것은 하나님의 약속을 믿었기 때문이라고 결론짓게 됩니다. 그런데 한번 생각해 보아야 합니다. 아브라함이 하나님을 믿은 순간부터 그와 하나님의 관계가 시작된 것이 아닙니다. 아브라함의 생애를 생각해 봅시다. 아브라함의 생애는 창세기 12장부터 22장까지 열한 장에 걸쳐서 기록되어 있습니다.

　로마서 4장이 언급한, 아브라함이 하나님을 믿으니 하나님이 이를 의로 여기신 사건은 창세기 15장에 나와 있습니다. 그러나 그 앞의 12장부터 14장까지에도 하나님이 아브라함에게 다가오셔서 그에게 개입하시며 그의 생애를 인도하셨다는 내용이 담겨 있습니다. 그 과정 속에 중요한 순간마다 하나님이 나타나셔서 아브라함이 가야 할 길을 알려 주셨고, 아브라함은 하나님을 따르며 그분 앞에 제단도 쌓습니다.

　그런데 14장에 이르도록 아브라함이 하나님을 믿는다는 선언도 없고 그가 무엇을 잘했다는 언급도 없습니다. 다만 하나님과 아브라함 둘 사이의 관계에 대해 나와 있을 뿐입니다. '너와 네 자손으로 인하여 만민이 복을 얻는다'는 이야기가 12장부터 나옵니다. 그런데 아브라함은 15장에 가서야 항복합니다. 이로부터 무엇을 알 수 있을까요?

　하나님은 아브라함을 부르시고 그로 하여금 보게 하시고 그가 항복하기까지 기다리십니다. 아니, 기다리신다는 것은 너무 소극적인 표현입니다. 항복하도록 개입하시고 끊임없이 설득하셔서 마침내 항복을 받아 내시고야 맙니다.

　믿음은 어느 쪽을 택해야 하는 도박 같은 것이 아닙니다. 무엇인가를 던져 놓고 결과를 기다리는 행위를 믿음이라고 하지 않습니다. 하나님은 그런 것을 요구하지 않으십니다. 믿음은 하나님의 개입에 대한 자발적 항복입니다. 하나님은 우리 눈을 여시고 당신을 보여 주신 다음 우리가 항복할 때까지 시간을 허락하십니다. 긴 시간이 필요하다면 그 긴 시간 동안 우리 인생에 개입하셔서 어느 날 드디어 우리의 자발적인 고백을 받아 내십니다. 우리를 세워 놓고 '빨리 오지 않으면 혼날 줄 알아라' 하는 식으로 강요하시지 않습니다.

성경에 기록된 많은 간증이 바로 그것입니다. 전 인생을 걸고 마음으로부터 항복한 간증들이 있습니다. 그리고 이 간증들에 담긴 의미가 무엇인지 마태복음 28장에 나와 있습니다. 예수님이 공생애를 마치신 후 승천하기 직전 제자들에게 마지막으로 부탁하신 말씀입니다.

> 예수께서 나아와 말씀하여 이르시되 하늘과 땅의 모든 권세를 내게 주셨으니 그러므로 너희는 가서 모든 민족을 제자로 삼아 아버지와 아들과 성령의 이름으로 세례를 베풀고 내가 너희에게 분부한 모든 것을 가르쳐 지키게 하라 볼지어다 내가 세상 끝날까지 너희와 항상 함께 있으리라 하시니라 (마 28:18-20)

하늘과 땅의 모든 권세를 가지신 이가 왜 직접 일하지 않으실까요? 사람들이 전도하는 것보다 목사들이 설교하는 것보다 하나님이 직접 나타나셔서 보여 주시는 편이 더 효과적일 것 같은데 왜 하나님은 제자들을 보내실까요? 예수님의 제자들 중에는 특별한 사람도 없는데 말입니다.

예수님은 덧붙여 말씀하십니다. '볼지어다 내가 세상 끝날까지 너희와 항상 함께 있으리라.' 예수님이 십자가를 지셨기 때문에 피곤하여 제자를 보내신 줄 알았는데 함께하시겠답니다. 어차피 혼자서도 얼마든지 하실 수 있을 텐데 왜 제자들을 보내실까요?

하나님이 증인을 보내시는 것은 우리를 항복시키기 위해서입니다. 예수님은 신적 영광과 권위로 우리를 최면에 걸거나 황홀경 속에 몰아넣기를 원하지 않으시기 때문입니다. 우리와 방불한 자들을 보내어 똑같은 차원, 똑같은 상황과 조건 속에서 말하고 행동하게 해 우리를 항복시키시겠다는 것입니다.

이 일을 위해 예수님에게 필요한 것이 하늘과 땅의 모든 권세입니다. 우리 인생을 인도하시기 위해 필요하다면 고통도 주어야 하고, 위로도 주어야 하기 때문입니다. 신자의 생애에 우연은 없습니다. 그러니 신자의 인생만큼 재미있는 것도 없습니다. 우리가 당하는 모든 일은 언제나 하나님 안에서 그 진로가 수정되기 때문입니다. 우리의 과거를 돌이켜 보면 하나님이 우리의 생애에 어떻게 개입하셨는지 알 수 있습니다.

우연한 기회를 계기로 한 번, 두 번 교회에 왔다가 계속 나오게 되는 것은 참으로 기적입니다. 사람은 호기심이나 장난으로 계속 교회에 나오기 어렵습니다. 예수를 믿는 일만큼 인간의 자존심을 건드리는 것은 없기 때문입니다.

그런데 우리는 이미 교회에 나오고 있습니다. 하나님이 간섭하고 계신 증거입니다. 우리가 지금 당장 '나는 예수 그리스도를 믿습니다. 영원한 나라를 믿고 하나님을 의지하며 천국에 갈 것을 믿고 말씀대로 살도록 노력하겠습니다'라는 고백을 하지 않더라도 우리는 이미 그 안에 잡혀 와 있는 사람들인 것입니다. 이것이 성경이 전하는 말씀입니다.

주님은 왜 이 땅에 오셨습니까? 하나님이 맡기신 모든 자에게 영생을 주려고 오셨습니다. 그 일을 일차적으로 이미 완성하셨고 지금도 하고 계시고 앞으로도 계속하실 것입니다. 그분의 모든 백성을 영원한 나라로 불러들일 그날까지 일하실 것이고, 우리는 그 은혜에 항복한 자들로 살아가게 될 것입니다. 우리는 이 과정에 있으며 어느 날 하나님이 우리를 통해 또 다른 누구를 부르시고 그가 항복하는 것을 통해 또 하나의 열매가 맺히는 모습을 보게 될 것입니다. 살아 계신 하나님이 무엇으로도 굽히지 않는 집념으로 행하시는 싸움이 여기 있습니다. 그러니 하나님의 개입에 더 주의를 기울이고 긴장하여 그의 선하심과 궁휼과 자비로우심 앞에 항복하는 일이 속히 오기를 바랍니다.

생명의 떡을
주신 이유

49 너희 조상들은 광야에서 만나를 먹었어도 죽었거니와 **50** 이는 하늘에서 내려오는 떡이니 사람으로 하여금 먹고 죽지 아니하게 하는 것이니라 **51** 나는 하늘에서 내려온 살아 있는 떡이니 사람이 이 떡을 먹으면 영생하리라 내가 줄 떡은 곧 세상의 생명을 위한 내 살이니라 하시니라 (요 6:49-51)

영적 양식인 만나

요한복음 6장은 오병이어 사건으로 시작합니다. 이 사건은 예수님이 보리떡 다섯 개와 물고기 두 마리로 이만여 명쯤 되는 사람들을 먹이신 사건입니다. 예수님은 오병이어 사건이 사람들에게 오해되지 않기를 바라셔서, 그 사건이 제시하는 메시지를 제대로 전달하고자 계속해서 말씀하고 계십니다.

오병이어 사건을 통해 예수님은 우리를 위하여 자신의 몸을 주실 것이라는 사실을 분명히 하십니다. '내가 줄 떡은 곧 세상의 생명을 위한 내 살이니라'라고 하신 51절과 '내가 진실로 진실로 너희에게 이르노니 인자의 살을 먹지 아니하고 인자의 피를 마시지 아니하면 너희 속에 생명이 없느니라'라고 하신 53절에서 예수님이 우리를 위해 생명의 떡으로 오셨고, 이것을 알려 주기 위하여 오병이어 사건을 일으키셨다는 것을 알 수 있습니다.

그런데 본문 48절부터 보면 '생명의 떡'을 특히 '만나'와 결부하여 설명하십니다. 예수님은 만나를 언급하여 생명의 떡과 비교하십니다. 그리고 자신이 생명의 떡으로 오셨음을 밝히십니다. 먼저 생명의 떡이 무엇인지 말씀하십니다.

> 내가 곧 생명의 떡이니라 너희 조상들은 광야에서 만나를 먹었어도 죽었거니와 이는 하늘에서 내려오는 떡이니 사람으로 하여금 먹고 죽지 아니하게 하는 것이니라 나는 하늘에서 내려온 살아 있는 떡이니 사람이 이 떡을 먹으면 영생하리라 내가 줄 떡은 곧 세상의 생명을 위한 내 살이니라 (요 6:48-51)

이어 만나와 생명의 떡을 비교하십니다.

> 이것은 하늘에서 내려온 떡이니 조상들이 먹고도 죽은 그것과 같지 아니하여 이 떡을 먹는 자는 영원히 살리라 (요 6:58)

생명의 떡을 설명하는데 왜 만나를 언급하실까요? 먼저 하나님이 만나를 주시게 된 배경을 살펴봅시다. 출애굽기 16장입니다.

> 이스라엘 자손의 온 회중이 엘림에서 떠나 엘림과 시내 산 사이에 있는 신 광야에 이르니 애굽에서 나온 후 둘째 달 십오일이라 이스라엘 자손 온 회중이 그 광야에서 모세와 아론을 원망하여 이스라엘 자손이 그들에게 이르되 우리가 애굽 땅에서 고기 가마 곁에 앉아 있던 때와 떡을 배불리 먹던 때에 여호와의 손에 죽었더라면

좋았을 것을 너희가 이 광야로 우리를 인도해 내어 이 온 회중이
주려 죽게 하는도다 그 때에 여호와께서 모세에게 이르시되 보라
내가 너희를 위하여 하늘에서 양식을 비 같이 내리리니 백성이 나
가서 일용할 것을 날마다 거둘 것이라 이같이 하여 그들이 내 율
법을 준행하나 아니하나 내가 시험하리라 (출 16:1-4)

출애굽 후에 하나님의 기적과 간섭은 계속되었지만 이스라엘 백성
들의 반항은 끊이지 않았습니다. 굶어 죽게 된 지경에 어떻게 하나
님을 제대로 섬길 수 있겠냐는 것이 원망의 시작이었습니다. 그래
서 하나님은 그들에게 먹을 것을 공급해 주시며 그들이 하나님의
명령을 준행하는지 보셨습니다.

 이스라엘에서 한 해는 유월절부터 시작되어 그때가 첫 달입니다.
출애굽을 한 때로부터 한 해를 시작하는 것입니다. 만나를 주신 사
건은 이스라엘 백성들이 홍해를 건너 광야에 이르자 곧 일어난 일
입니다. 그러니 만나는 광야 생활을 시작했을 때부터 그들의 양식
이었던 셈입니다. 이것을 염두에 두고 신명기 8장 말씀을 살펴보겠
습니다. 사십 년이 흐른 후 모세가 이스라엘 백성들에게 권면하는
장면입니다.

 내가 오늘 명하는 모든 명령을 너희는 지켜 행하라 그리하면 너희
 가 살고 번성하고 여호와께서 너희의 조상들에게 맹세하신 땅에
 들어가서 그것을 차지하리라 네 하나님 여호와께서 이 사십 년 동
 안에 네게 광야 길을 걷게 하신 것을 기억하라 이는 너를 낮추시
 며 너를 시험하사 네 마음이 어떠한지 그 명령을 지키는지 지키지

광야 생활 사십 년 동안 여호와 하나님이 이스라엘 백성에게 하신 중요한 일은 그들을 낮추시는 것이었습니다. 그 긴 세월 동안 그들의 의복은 해어지지 않았고 발도 부르트지 않았다고 성경은 기록하고 있습니다. 또 그들이 낮에 더워서 못살겠다고 불평하면 구름 기둥으로 해를 가려 주셨고, 밤에 추워서 못살겠다고 불평하면 불 기둥으로 보호하셨습니다. 그렇게까지 해 주셨는데도 이스라엘 백성들은 하나님의 명령을 따르지 않았습니다. 하나님이 그들의 요구를 다 들어주셨지만 결국 그들은 하나님에게 순종하지 않았던 것입니다.

원래 광야 생활은 사십 년이 아니라 일 년이면 끝날 것이었습니다. 하나님의 계획대로라면 그들은 출애굽 후 시내 산에 갔다가 가데스바네아로 올라와 가나안에 열두 정탐꾼을 보내어 정찰한 다음 이내 들어갈 예정이었습니다. 그런데 정탐꾼들이 돌아와 그 땅에 젖과 꿀이 흐르는 것은 사실이지만, 거기 사람들과 싸워서 이길 승산이 없다는 보고를 합니다. 그 이야기를 듣고 이스라엘 백성들은 가나안 땅에 들어가는 것을 거부합니다. 그렇게 해서 사십 년 동안의 광야 생활이라는 벌이 시작되었던 것입니다.

이스라엘 백성이 자기들의 불순종에 대해 어떤 핑계도 댈 수 없었던 시기가 이 광야 생활 사십 년입니다. 하나님이 그들을 배불리 먹이시고 따뜻하게 해 주셨지만 그들은 하나님을 섬기지 않았습니다. 그들은 만나에 담긴 메시지를 읽지 못했습니다. 만나는 그들을 존속시켜 가나안 땅에 들어가게 할 매일의 양식이었습니다. 그러나 이스라엘 백성들은 만나를 그들이 하고 싶은 일을 하는 데 필요한 에너지원으로밖에 여기지 않았습니다.

생명의 떡을 내려 주신 목적

요한복음 6장 51절에서 예수님은 '나는 하늘에서 내려온 살아 있는 떡이니 사람이 이 떡을 먹으면 영생하리라 내가 줄 떡은 곧 세상의 생명을 위한 내 살이니라'라고 하십니다. 자신을 우리에게 주신다는 뜻입니다. 그런데 생명의 떡으로 오셨다는 것은 예수님이 우리에게 매일 필요한 영의 양식으로 오셨다는 것을 상징하기 이전에 먼저 우리를 위해 죽으러 오셨음을 상징합니다. 예수님은 사람들에게 기적을 보아 깨닫고 결단하고 영접하라고 오병이어 사건을 일으키신 것이 아닙니다. 그 기적을 보고 사람들이 예수를 믿을 수 있었다면 예수님이 십자가에 달리시는 일은 구원의 차선책에 불과했을 것입니다. 그러나 주님은 처음부터 죽으러 이 세상에 오셨습니다. 그러니 지금 이 말씀도 죽음을 염두에 두고 하시는 것입니다.

예수님이 죽으심으로 어떤 결과가 일어납니까? 아버지께서 그에게 주신 자들이 이 말씀을 알아듣게 되었습니다. 예수를 믿게 되었기 때문입니다. 그러니 예수를 믿게 된 모든 사람이 은혜를 강조하는 것은 당연합니다. '내가 나 된 것은 하나님의 은혜'(고전 15:10)라는 말이 튀어나올 수밖에 없는 것입니다.

물론 결단은 우리 자신이 하지만 아무나 결단할 수 있는 것이 아닙니다. 결단은 은혜 다음에 맺히는 열매에 불과합니다. 성경은 사람들이 말씀을 읽자마자 척 알아듣고 결단할 수 있도록 쓰인 것이 아닙니다. 성경의 메시지는 예수 그리스도께서 생명의 떡으로 오셔서 피를 흘리고 살이 찢긴 모습을 볼 수 있게 된 사람들을 위한 것입니다. 그들이 이미 받아 소유하게 된 것들과 앞으로 받게 될 것들을 어떻게 사용해야 하는지 가르칩니다. 어떻게 결심해야 하는지도 가르쳐 줍니다. 본문 말씀의 메시지도 예수를 믿게 된 자들이 이해할 수 있도록 마련된 것입니다.

예수님이 생명의 떡인 자신을 만나와 함께 언급하신 것은 '너희 조상은 그랬을지라도 너희는 나를 만나같이 여기지 않기를 바란다'라고 말씀하시기 위해서였습니다. 우리는 이미 결단했으며 하나님의 자녀가 된 사람들이니 이 말씀을 알아들을 수 있습니다. 예수님이 생명의 떡을 만나와 비교한 것을 기억하십시오. 하나님이 주신 만나는 이스라엘 백성들을 가나안으로 들여보내기 위한 것이지, 광야에서 사십 년 동안 헤매다 죽고 말 백성들을 연명하게 하기 위한 비상식량이 아니었습니다. 그러나 그들은 만나를 전부 헛되이 소비해 버렸습니다. 이처럼 양식에 담긴 영적 메시지를 깨닫지 못하고 양식의 효용에만 매달리는 예가 요한복음 4장에도 등장합니다. 예수님은 사마리아 여인에게 이렇게 말씀하셨습니다.

예수께서 대답하여 이르시되 이 물을 마시는 자마다 다시 목마르려니와 내가 주는 물을 마시는 자는 영원히 목마르지 아니하리니 내가 주는 물은 그 속에서 영생하도록 솟아나는 샘물이 되리라 여자가 이르되 주여 그런 물을 내게 주사 목마르지도 않고 또 여기물 길으러 오지도 않게 하옵소서 (요 4:13-15)

예수님이 주시는 물은 영생하도록 솟아나는 샘물입니다. 그러나 사마리아 여인은 이 물이 어떤 물인지 몰랐던 것 같습니다. '주여 그런 물을 내게 주사 목마르지도 않고'라고 한 것까지는 좋은데 '또 여기 물 길으러 오지도 않게 하옵소서'라고 한 것을 보면 여인은 예수님이 말씀하시는 물을 마실 물이라고만 생각했다는 것을 알 수 있습니다.

우리는 무엇 때문에 예수를 믿습니까? 예수를 믿어서 어떤 이익이 있을 것 같습니까? 병원을 안 가도 병이 낫고, 학교를 안 가도 공부를 잘하고, 돈 벌지 않아도 부유하게 살게 될 것이라고 생각해서 예수를 믿는 것은 아닙니까? 결국 이 땅에서 잘살아 보겠다고 예수 그리스도를 영접한 것은 아닌지 생각해 봅시다. 하나님이 주시는 생명의 떡은 이 세상에서 잘살기 위해 필요한 것이 아닙니다. 하나님이 자녀에게 끊임없이 주시는 것은 만나, 즉 영의 양식입니다. 그것은 하나님의 뜻대로 살고 그분의 계명을 지키며 사는 데 필요한 양식입니다.

하나님이 구약 백성에게 주신 것이 만나였다면 오늘 신약 백성에게 허락하신 것은 바로 예수 그리스도 자신입니다. 구약시대에는 하나님이 눈에 보이는 방식으로 인도하셨습니다. 안식일은 어떻게 지켜야 하는가, 제사는 어떤 방법으로 드려야 하는가에 대해 구체적으로 가르치셨습니다.

그러나 신약시대에는 보이지 않는 방식으로 인도하십니다. 우리가 상대할 대상은 율법의 세세한 항목들이 아니라 그 너머에 계신 하나님입니다. 예수 그리스도로 말미암아 거듭났기에 가능한 일입니다. 예수 그리스도는 우리가 이 땅에 사는 동안 필요한 것들이나 채워 주고 매사에 이렇게 저렇게 하라고 지시하기 위해 오신 것이 아니었습니다. 생명의 떡으로 오셔서 죽은 우리를 살려 내셨습니다. 우리를 죽었던 자리에서 살아 있는 자리로 옮겨 주시려고 오신 것입니다.

영생하도록 주신 양식

우리는 거듭난 자들입니다. 이미 생명의 떡을 받아먹은 사람들입니다. 이제 우리는 눈을 떠서 예수님을 보고 하나님을 봅니다. 우리의 눈을 뜨게 해 주신 하나님은 우리가 눈 뜬 자로 밝히 보며 살 수 있도록 모든 영적인 복과 능력을 주시며 그렇게 사는 원리와 방법을 계속 가르쳐 주고 계십니다.

그런데도 우리는 하나님이 보여 주신 길을 가기보다는 여전히 내 맘대로 살려고 합니다. 하나님, 예수님, 성령님을 내가 가는 길에 도움을 주시는 분 정도로밖에 생각하지 않습니다. 이런 생각이 오병이어 사건을 이해하는 데 가장 큰 걸림돌입니다.

예수님이 오병이어의 기적을 보이시자 사람들이 그분을 쫓아다니며 붙잡으려 애씁니다. 그리고 그분을 만나 자신들의 요구를 들어 달라고 합니다. 예수님은 이런 무리에게 지적하십니다.

예수께서 대답하여 이르시되 내가 진실로 진실로 너희에게 이르노니 너희가 나를 찾는 것은 표적을 본 까닭이 아니요 떡을 먹고 배부른 까닭이로다 썩을 양식을 위하여 일하지 말고 영생하도록

있는 양식을 위하여 하라 이 양식은 인자가 너희에게 주리니 인자
는 아버지 하나님께서 인치신 자니라 (요 6:26-27)

우리가 스스로에게 물어볼 것이 바로 이것입니다. '나는 왜 예수를
따르려고 하는가? 예수를 믿게 되어 나의 눈이 세상이 아니라 하나
님을 향하게 되었는가?' 예수를 믿는다는 것이 무엇입니까? 영원한
나라의 영원한 생명을 이미 소유한 자답게 진리대로 사는 것입니
다. 우리는 그렇게 부름을 받았고 그렇게 해야 할 것을 알고 있습니
다. 알고 있다면 잘 안돼도 노력해야 합니다. 절대로 포기할 수 없습
니다.

　그런데 우리의 현실은 어떻습니까? 오히려 노력하지 않는 사람
들이 더 떳떳하게, 다들 그렇게 사는 것이라고 공공연하게 말합니
다. 주일에 교회에 가서 얼굴이나 한 번 비치면서 설교 들어 주고,
세상 살 땐 눈치껏 살아야 한다는 것이 그들의 처세술입니다. 그러
면서 신앙에 따라 열심히 살려고 노력하는 사람들을 도리어 비웃
습니다. 우리 마음속에 편안하게 살고자 하는 욕망, 세상적인 것들
로 이웃들 앞에서 자랑하고 싶은 욕망이 깊이 뿌리박혀 있기 때문
입니다.

　세상과 타협해서 잘 사는 것이 현명한 길이라고 생각한다면 착각
입니다. 예수 그리스도를 알고 믿고 있다면 그분이 주시는 생수, 그
분이 주시는 떡으로 살아야 합니다. 하나님의 사람으로서 인생을
살아야 합니다. '우리의 연수가 칠십이요 강건하면 팔십'(시 90:10)
이라고 했으니 인생은 잠깐이면 지나갑니다. 겨우 으스대기 위해
살지 마십시오.

얼마나 많은 신자가 예수를 믿으면서도 마지못해 교회에 나오는지 모릅니다. 억지로라도 오는 것이 안 오는 것보다는 낫지만 우리가 초대받은 이 복된 자리에 그런 자세로 있는 것은 안타까운 일입니다. 하나님이 우리를 불러 주시고 먹이셔서 알게 하신 것을 누리는 자들이 되어야 합니다. 이런 기쁨 외에 우리에게 무슨 낙이 있습니까. 우리가 무엇을 소망하고 살 수 있습니까.

그런데도 왜 그렇게 하지 못하고 있습니까? 성공과 물질적인 것에 관심을 두기 때문입니다. 세상으로 도망가고 싶은 마음이 생기고 그 마음을 받아 주는 사람들과 타협하며 살고 싶어 합니다. 마음대로 살다가 교회에 한 번씩 참석해서 헌금이나 하는 것으로 신자의 도리를 다했다고 생각합니다.

하나님이 생전에 혼이라도 내 주시면 그나마 복입니다. 죽을 때까지 그럴까 봐 겁이 납니다. 지금이라도 돌이키십시오. 예수를 믿는다는 것은 우리 생각보다 훨씬 더 자랑스럽고 감격스럽고 대단한 일입니다. 그분의 사랑과 그분의 약속, 그리고 그분이 지금도 우리와 함께하신다는 사실을 경험하십시오. 믿는 자에게 주시는 생명과 은혜를 누리십시오. 세상에 빼앗기지 마십시오.

다른 양식을 먹은 자답게

우리는 아직 신자로서의 여정에 발을 잘 내딛지 못하고 있습니다. 구원을 얻었는데도 구원받지 않은 것처럼 다른 곳을 기웃거리며 살고 있기 때문입니다. 마태복음 4장이 이 문제를 잘 다루고 있습니다. 예수님이 공생애를 시작하실 무렵 사탄으로부터 세 가지 시험을 받으시는 대목입니다.

> 시험하는 자가 예수께 나아와서 이르되 네가 만일 하나님의 아들이어든 명하여 이 돌들로 떡덩이가 되게 하라 예수께서 대답하여 이르시되 기록되었으되 사람이 떡으로만 살 것이 아니요 하나님의 입으로부터 나오는 모든 말씀으로 살 것이라 하였느니라 하시니 (마 4:3-4)

이어 사탄은 예수님을 두 번 더 시험합니다. 사탄이 예수님을 성전 꼭대기로 데리고 가 천사들이 받쳐 줄 것이니 뛰어내려 보라고 시험할 때 예수님은 하나님을 시험하지 말라고 하십니다. 사탄이 세상 만물을 보이면서 만일 자기에게 엎드려 경배하면 그 모든것을 주겠다고 하자 예수님은 하나님만 경배할 것이라고 답하십니다.

예수님이 사탄의 유혹을 거부하신 것은 이 땅에 신적 권리와 능력을 행사하기 위해서 오신 것이 아니었기 때문입니다. 예수님은 성부 하나님의 종으로 오셨습니다. 세상에 내려와 사는 동안 아버지가 명하시는 대로만 살기로 결심하셨습니다. 우리가 꼭 기억해야 하는 말씀입니다. 요한복음 6장에도 그 이야기가 나옵니다.

> 살아 계신 아버지께서 나를 보내시매 내가 아버지로 말미암아 사는 것 같이 나를 먹는 그 사람도 나로 말미암아 살리라 (요 6:57)

신자에게 요구되는 가장 근본적인 삶의 원리는 예수 그리스도로 말미암아 사는 것입니다. 우리는 그분이 요구하시는 목표와 원리를 따라가야만 합니다. 하나님이 우리를 어느 자리에 앉히실지, 혹은 어떤 방법으로 우리에게 하나님의 영광을 드러내라고 하실지 알 수 없습니다. 고귀한 신분으로 사는 것을 요구하실 수도 있고, 낮은 신분으로 사는 것을 요구하실 수도 있습니다. 있는 자로 부르실 수도 있고, 없는 자로 부르실 수도 있습니다.

잘살고 못살고는 게으름만의 문제가 아닙니다. 성실해도 어렵게 사는 사람들이 있습니다. 대접을 받아야 할 사람은 못 받고, 그렇지 않은 사람이 좋은 대접을 받는 일이 세상에서 일어납니다. 우리를 견디지 못하게 하는 것은 아무리 봐도 나보다 못한 사람이 나보다 나은 대접을 받는 일입니다. 그러나 하나님의 시각은 우리의 시각과 다릅니다.

'하나님이 나로 하여금 고난의 길을 걷게 하기 원하신다면 나는 기쁘게 걸으리라.' 이렇게 고백할 수 있는 것이 신자의 큰 특권입니다. 이렇게 고백할 때에 신자는 평안할 수 있습니다. 초대교회에서 베드로와 사도들이 보여 주었던 것이 이러한 태도였습니다. 그리스도를 전했더니 사람들이 그들을 잡아서 가두고 때렸습니다. 그런데 그들은 오히려 기뻐하면서 주의 이름으로 인하여 능욕을 감수하는 일에 불러 주신 것을 감사했습니다. 하나님이 그들에게 감당하게 하신 일이기 때문입니다.

예수를 믿는 것으로 인해 삶을 바라보는 안목이 달라집니다. 우리의 생애는 가졌다고 해서 자랑스럽지 않고, 가지지 못했다고 해서 부끄럽지 않습니다. 어떤 경우든 아버지께서 우리를 부르신 자리로 알고 항복하는 만족이 있기 때문입니다.

이 세상은 매일같이 우리를 할큅니다. 우리는 아프지 않을 수가 없습니다. 그러나 신자는 세상이 주는 것으로 배부른 자가 아니며 세상이 주지 않는다고 해서 배고픈 자도 아닙니다. 우리에게는 세상이 알지 못하는 물과 양식이 있기 때문입니다. 예수 믿는 자의 삶은 그분의 말씀만을 양식으로 삼는 삶입니다.

우리에게 그런 삶을 살고 싶은 마음이 있는지 점검해 봅시다. '나를 믿느냐? 내가 생명의 떡임을 아느냐?' 이런 질문을 받는다면, 물론 우리는 '압니다. 예수는 그리스도이시며 살아 계신 하나님의 아들이십니다. 나를 구원하러 오셔서 십자가에 돌아가신 분입니다'라고 대답할 수 있습니다. 하지만 그분을 먹고 마시며, 그분만 의지하며 살고 있냐는 질문을 받으면 우리는 할 말을 잃습니다. 예수를 믿는다는 말은 선언에 그치고 마는 것이 아닙니다.

우리의 삶은 세상에서 사는 삶이지만 세상에 속한 삶이 아닙니다. 다른 삶입니다. 그 삶을 사십시오. 그렇게 살면 굶을 수밖에 없고 지고 오해받고 경멸당하고 괄시당합니다. 그러나 우리의 주님이신 예수님도 그렇게 사신 것을 기억하십시오. 예수님도 그렇게 사셔서 십자가에 달려 경멸과 고통과 비웃음과 비난 속에 돌아가신 것입니다.

왜 우리는 편하게 살려고 발버둥 칩니까? 지고 바보가 되는 어려운 삶을 사십시오. 그러면 영원한 나라에 가 주님 옆에서 영광 가운데 살게 될 것입니다. '나는 도저히 못 참겠다'라고 하는 것은 칭찬받을 것이 못 됩니다. 그것은 자랑이 아닙니다. 안 믿는 사람처럼 행동한 것을 다른 신자들 앞에서 자랑처럼 말하지 마십시오.

우리는 예수를 믿는 자답게, 영생을 소유한 자답게 스스로를 고

쳐 가며 살아야 합니다. 자신을 돌아보십시오. 과연 자신이 예수를
믿는 사람이라는 말에 적합한지를 확인해 보십시오.

영에
속한
것

60 제자 중 여럿이 듣고 말하되 이 말씀은 어렵도다 누가 들을 수 있느냐 한대 **61** 예수께서 스스로 제자들이 이 말씀에 대하여 수군거리는 줄 아시고 이르시되 이 말이 너희에게 걸림이 되느냐 **62** 그러면 너희는 인자가 이전에 있던 곳으로 올라가는 것을 본다면 어떻게 하겠느냐 **63** 살리는 것은 영이니 육은 무익하니라 내가 너희에게 이른 말은 영이요 생명이라 **64** 그러나 너희 중에 믿지 아니하는 자들이 있느니라 하시니 이는 예수께서 믿지 아니하는 자들이 누구며 자기를 팔 자가 누구인지 처음부터 아심이러라 **65** 또 이르시되 그러므로 전에 너희에게 말하기를 내 아버지께서 오게 하여 주지 아니하시면 누구든지 내게 올 수 없다 하였노라 하시니라 **66** 그 때부터 그의 제자 중에서 많은 사람이 떠나가고 다시 그와 함께 다니지 아니하더라 (요 6:60-66)

사람들이 예수님을 떠난 이유

요한복음 6장 66절을 보면 '그의 제자 중에서 많은 사람이 떠나가고 다시 그와 함께 다니지 아니하더라'라는 내용이 나옵니다. 예수님이 당신을 쫓아온 사람들 앞에서 뭐라고 하셨기에 그런 일이 일어나게 되었을까요?

오병이어 사건을 경험한 많은 사람들은 가장 중요한 문제의 해답을 찾았다며 환호했습니다. 그래서 그들은 예수 그리스도를 왕으로 삼으려고 했습니다. 그가 왕이 되면 이스라엘의 모든 문제가 해결될 것이라고 생각했던 것입니다. 그러나 예수님은 그것을 거부하셨습니다. 예수님이 하시려는 일은 사람들이 요구하는 일과 전혀 다른 차원의 것이었기 때문입니다.

왕으로 삼으려고 하는 사람들을 뒤로하시고 예수님은 제자들을 배에 태워 바다를 건너가게 하신 다음, 혼자 산으로 올라가셨습니다. 날이 저물어 흩어졌던 사람들이 다음 날 아침에 다시 와 보니 예수님도 안 계시고 제자들도 없습니다. 해변에 있던 배도 안 보입니다. 그들은 배를 타고 바다 건너편 가버나움까지 가서 예수님을 찾습니다. 결국 예수님을 만나 묻습니다. "랍비여, 언제 여기 오셨나이까?" 그런데 예수님은 그곳까지 찾아온 그들의 수고를 칭찬하시기는커녕 심하게 꾸짖으십니다. "너희가 나를 찾는 것은 표적을 본 까닭이 아니요 떡을 먹고 배부른 까닭이로다." 그들은 예수님을 단지 먹을 양식이나 채워 주시는 분으로 생각하여 왕으로 삼으려고 했기 때문입니다.

예수님이 "나는 생명의 떡이다. 나의 피와 살을 주어 너희를 살리기 위하여 하늘로부터 온 생명의 양식이다"라고 말씀하시자, 사람들은 쉽게 대답합니다. "예, 이 떡을 항상 우리에게 주십시오." 그러자 예수님이 다시 말씀하십니다. "너희는 아직도 모르는구나. 아버지께서 내게 보내신 자만이 내게로 올 것이고 내게 온 그들만이 이 생명의 양식을 먹을 것이다." 예수님의 말씀에 그들은 "아니, 저희가 오지 않았습니까?'라고 되묻습니다. 그러자 예수님은 "너희는 떡 때문에 온 것이지, 생명과 진리를 좇아 나에게 온 것이 아니다. 나는 죽으러 왔으나 너희는 그것을 알지 못한다'라고 하십니다. 그러자 그들은 예수님을 떠나가 버렸습니다.

예수님에게는 따르는 무리가 많았습니다. 예수님이 친히 부르신 열두 제자가 있고, 쫓아와서 제자가 되기를 자청했던 사람들도 많았습니다. 그런데 예수님의 말씀을 듣고 그중 많은 사람들이 떠나갔습니다. 왜 그 많은 사람들이 예수님에게 등을 돌렸을까요?

이 질문에 답하기 위해서는 예수님이 오병이어의 기적을 베푸신 후 '나는 너희 죄를 씻기 위하여 피와 살을 주려고 온 자다'라고 하신 말씀의 의미가 무엇인지 살펴보아야 합니다. 이 말씀은 우리가 어떤 존재인지를 설명하고 있습니다. 우리는 하나님이 목적하시는 구원에 있어서 스스로 시작조차 할 수 없는 무능한 자들입니다. 사람들은 이러한 자신들의 한계를 지적하시는 예수님의 말씀이 싫어서 그분을 떠난 것입니다.

여기서 우리는 성경이 인간을 어떻게 설명하는지 알 수 있습니다. 인간은 스스로 구원을 얻을 수 없다고 선언합니다. 사람들은 자기들 스스로 의롭게 될 수 있으니 도나 법칙이나 진리를 달라고 하지만, 성경은 그런 것을 가르쳐 주어도 인간은 스스로 의롭게 될 수 없다고 합니다. 즉 기독교는 인간에게 희망이 없다는 것을 선언하는 종교입니다. 요한복음도 이 점을 거듭 강조해 왔습니다.

요한복음 1장은, 빛이 세상에 왔으나 사람들이 맹인이어서 빛을 보지 못하니 빛에 대해 증언할 사람으로 세례 요한을 보냈다는 내용으로 시작됩니다. 요한복음 3장에는 니고데모 이야기가 나옵니다. 종교적으로나 지식적으로나 훌륭했던 그를 예수님은 꾸짖으십니다. '진실로 진실로 네게 이르노니 사람이 물과 성령으로 나지 아니하면 하나님의 나라에 들어갈 수 없느니라'(요 3:5). 이것은 니고데모에게 어떤 도를 깨우쳐 주려고 하신 말씀이 아닙니다. 그가 가진 지식, 종교, 힘, 도덕성, 그 어떤 것으로도 구원 얻을 희망이 없으니 거듭나야 한다고 말씀하시는 것입니다.

요한복음 5장에는 38년 된 병자 이야기가 나옵니다. 베데스다 못에는 가끔 천사가 내려와 물을 움직이게 하는데 물이 움직일 때 가장 먼저 못에 들어가는 자는 병이 낫습니다. 그런데 이 사람은 중풍

병자라서 빨리 들어갈 수가 없습니다. 38년 된 병자라는 말에서 단순히 오래 앓았던 사람이라는 사실만이 아니라 그토록 오랜 시간 병을 고치기 위해 시도했지만 고칠 수 없었다는 깊은 좌절감까지 읽어 낼 수 있습니다.

이처럼 요한복음은 인간에게는 구원을 성취할 능력뿐 아니라 하나님이 어떻게 구원을 이루시는지 알아볼 눈도 없다고 지적하고 있습니다. 이 문제 때문에 예수님이 오셔서 밤낮 싸우셔야 했던 것입니다. 예수님이 '너희에게는 희망이 없다. 내가 너희 대신 죽지 않고서는 너희가 구원받을 수 없다'라고 지적하시자 여전히 자신들의 한계와 처지를 모르는 사람들은 반발하기만 했습니다.

예수님은 결국 십자가에 달려 돌아가십니다. 예수님이 사람들에게 분노의 대상이 된 것입니다. 겉으로 보면 예수님은 사람들 때문에 잡혀 돌아가신 것 같습니다. 그러나 실은 우리를 구원할 방법이 그것뿐이어서 예수님이 친히 죽으신 것입니다.

사람들은 종종 예수님에게 어떻게 해야 하는지 묻곤 합니다. 그런데 예수님은 그들에게 어떻게 해야 하는지 알려 주시지 않습니다. 오히려 예수님은 '아버지께서 내게 주시지 않는 자는 결단코 내게 올 수가 없느니라'라는 말씀을 반복하십니다. 이 말씀은 요한복음 6장의 결론에도 나옵니다.

> 또 이르시되 그러므로 전에 너희에게 말하기를 내 아버지께서 오게 하여 주지 아니하시면 누구든지 내게 올 수 없다 하였노라 하시니라 (요 6:65)

기독교는 도를 깨치는 종교가 아닙니다. 예수님을 믿기 위해 수행하는 종교도 아닙니다. 물론 결과적으로는 믿게 되고 진리를 깨치게 됩니다. 그러나 예수 그리스도가 우리를 거듭나게 하시지 않는 한 그런 일은 일어나지 않습니다. 보리떡 다섯 개와 물고기 두 마리를 나누어 주신 것도 우리에게 꼭 필요한 생명의 떡을 주실 분은 예수님밖에 없다는 사실을 확인시켜 주시기 위해서였습니다.

세상의 양식이 아닌 생명의 양식

우리가 교회에 나오는 것은 생명의 떡 때문입니다. 교회는 세상의 떡을 주기 위하여 존재하지 않습니다. 우리가 교회에 나오는 것은 영의 양식을 얻기 위해서지, 육의 양식을 얻기 위해서가 아닙니다. 그러므로 예수 그리스도를 어떤 왕으로 섬기고 있는지 스스로를 돌아보아야 합니다. 성경이 말하는 바는 무엇일까요? 63절을 보겠습니다.

> 살리는 것은 영이니 육은 무익하니라 내가 너희에게 이른 말은 영이요 생명이라 (요 6:63)

예수님은 사람들이 왕으로 삼으려 하자 도망가셨습니다. 예수님이 사람들에게 가르쳐 주시려는 것은 영과 생명, 즉 영원에 관한 것이었습니다. 그러니 예수를 믿는다는 것은 영원과 관계된 것입니다. 이 짧은 인생에서 짓밟히고 찢기는 한이 있어도 영원을 준비하겠다는 결단을 이런 맥락에서 이해할 수 있습니다.

그런데 예수 믿는 것에 보상이 주어지지 않으면 차라리 안 믿겠다고 하는 사람들이 있습니다. 심지어 어떤 교회는 그 교회에 나오면 경제적 문제가 해결된다고 주장하기도 합니다. 십일조를 내면 하나님이 그 이상으로 채워 주신다고 합니다. 실제로 그렇게 될 수도 있습니다. 그러나 경제적 대가를 바라고 교회에 나가는 것은 영적 갈급함 때문에 교회에 나가는 것과 근본적으로 다릅니다. 오병이어 사건 후에 계속해서 떡을 먹고 배불러 찾아왔으나 이내 떠나가 버린 사람들과 나중까지 남은 제자들의 차이는 무엇입니까? 사람들이 다 떠나간 후에 예수님이 열두 제자들에게 물으십니다.

> 예수께서 열두 제자에게 이르시되 너희도 가려느냐 시몬 베드로가 대답하되 주여 영생의 말씀이 주께 있사오니 우리가 누구에게로 가오리이까 (요 6:67-68)

떠나간 사람들은 떡을 먹고 배부른 것 때문에 예수님에게 왔던 것이고 여기 있는 제자들은 생명의 말씀 때문에 예수님 곁에 남아 있는 것입니다. 육적인 필요 때문에 남아 있는 것이 아닙니다.

지금까지 어떤 이유로 신앙을 지키고 있습니까? 예수를 열심히 믿지만 몹시 가난해지기도 합니다. 집에 비가 새고 아이들은 사고만 치고 하는 사업마다 망하기도 합니다. 그렇다면 대체 무엇이 예수를 믿어 누리게 되는 복일까요? 누가복음 4장을 찾아봅시다.

예수께서 그 자라나신 곳 나사렛에 이르사 안식일에 늘 하시던 대로 회당에 들어가사 성경을 읽으려고 서시매 선지자 이사야의 글을 드리거늘 책을 펴서 이렇게 기록된 데를 찾으시니 곧 주의 성령이 내게 임하셨으니 이는 가난한 자에게 복음을 전하게 하시려고 내게 기름을 부으시고 나를 보내사 포로 된 자에게 자유를, 눈먼 자에게 다시 보게 함을 전파하며 눌린 자를 자유롭게 하고 주의 은혜의 해를 전파하게 하려 하심이라 하였더라 책을 덮어 그 맡은 자에게 주시고 앉으시니 회당에 있는 자들이 다 주목하여 보더라 이에 예수께서 그들에게 말씀하시되 이 글이 오늘 너희 귀에 응하였느니라 하시니 그들이 다 그를 증언하고 그 입으로 나오는 바 은혜로운 말을 놀랍게 여겨 이르되 이 사람이 요셉의 아들이 아니냐 예수께서 그들에게 이르시되 너희가 반드시 의사야 너 자신을 고치라 하는 속담을 인용하여 내게 말하기를 우리가 들은 바 가버나움에서 행한 일을 네 고향 여기서도 행하라 하리라 또 이르시되 내가 진실로 너희에게 이르노니 선지자가 고향에서는 환영을 받는 자가 없느니라 (눅 4:16-24)

지금까지 살펴본 요한복음 6장 끝부분에 나온 사건은 가버나움에서 일어난 일이었습니다. 이후 예수님은 나사렛으로 돌아가셨습니다. 그곳에서 회당에 들어가 성경을 펴 이사야서를 읽으십니다. 하나님이 인류를 구원하기 위하여 구속자를 보내 주실 것이라고 예언된 부분을 읽고 예수님은 이렇게 선언하셨습니다. "내가 그라." 그리고 말씀을 이어가시길 "너희는 '의사야, 너 자신을 고치라'라는 속담을 인용하며 내게 메시야인 것을 증명하라고 할 것이다." '의사야, 너 자신을 고치라'라는 말은, 다른 사람에게는 앞날에 있을 길흉화복을 알려 준다는 점쟁이가 자기는 거지같이 길바닥에 나앉아 있을 때 사람들이 그를 비꼬며 하는 말입니다. 이처럼 사람들이 예수님을 보면 "당신이 하늘나라의 복을 전하러 온 메시야라면 왜 그런 꼴을 하고 다니냐? 네가 메시야인 것을 증명해 보아라"라고 할 것이라는 말씀입니다.

예수님은 그런 사람들에게 '나는 영적 문제를 해결하기 위해 온 것이기 때문에 이 일을 육신의 관점으로 판단할 수 없다'라고 답하십니다. 예수님은 우리의 죄 때문에 십자가에 달려 돌아가셔야만 합니다. 그런데도 이스라엘 백성은 '당신이 정말 메시야라면 죽지 말고 우리를 로마에서 해방하여 주시오'라고만 요구하고 있었던 것입니다.

기독교는 예수를 믿는 즉시 집안이 평안해지고 하는 사업마다 잘 되고 병들지 않게 해 주는 종교가 아닙니다. 복음이 해결하려고 하는 문제는 영에 속한 것입니다.

이스라엘의 한계가 주는 교훈

누가복음을 이어서 봅시다.

> 내가 참으로 너희에게 이르노니 엘리야 시대에 하늘이 삼 년 육 개월간 닫히어 온 땅에 큰 흉년이 들었을 때에 이스라엘에 많은 과부가 있었으되 엘리야가 그 중 한 사람에게도 보내심을 받지 않고 오직 시돈 땅에 있는 사렙다의 한 과부에게 뿐이었으며 또 선

지자 엘리사 때에 이스라엘에 많은 나병환자가 있었으되 그 중의 한 사람도 깨끗함을 얻지 못하고 오직 수리아 사람 나아만뿐이었느니라 (눅 4:25-27)

이스라엘 백성을 '선민'이라고 합니다. 하나님이 이스라엘 백성을 택하셔서 그들에게는 친히 나타나셔서 말씀도 하시고 율법도 주시고 선지자도 보내 주셨습니다. 그렇게 많은 특혜를 받았으나 그들은 하나님에게 돌아오지 않았습니다. 그래서 그들은 우리에게 특별한 상징이 됩니다. 예수님은 두 가지 예를 드십니다.

엘리야 시대에 삼 년 육 개월 동안 가뭄이 들어 이스라엘은 기근을 겪습니다. 그런데 시돈 땅 사렙다 과부의 집에는 엘리야로 인해 먹을 것이 있었습니다. 엘리야를 먹여 살리기 위하여 하나님이 그 집에는 기름이 마르지 않게 하시고 밀가루가 떨어지지 않게 하셨던 것입니다. 그래서 과부도 굶어 죽지 않고 살 수 있었는데 그는 이방 땅의 사람이었습니다. 여기서 우리는 이스라엘 땅에도 과부가 많은데 왜 하나님은 선민이 아닌 이방 땅 시돈에 사는 과부에게 혜택을 주셨는지 묻게 됩니다.

다른 예로, 선지자 엘리사는 여러 이적을 행했지만, 이스라엘에 있는 나병 환자를 고쳤다는 기록은 없습니다. 그는 오히려 이스라엘의 적대국인 아람의 군대 장관의 나병을 고쳐 줍니다.

이 예를 들어 예수님은 무엇을 지적하시는 것일까요? 이스라엘 백성을 특별히 선민으로 삼으셨지만, 이방인에게 혜택을 주신 이 사건들을 제시함으로써 구원은 은혜에 속한 문제임을 알려 주시는 것입니다. 선택된 백성이라 할지라도 스스로 구원을 갈망하고 깨치는 자가 없다는 사실을 말해 주고 있습니다. 이스라엘 백성은 선민으로서 이 사실을 상징하고 있습니다. 하나님이 '너희는 내가 몸을 찢고 피 흘려 죗값을 치러 주어야 할 죄인이다'라고 하시는데도 그들은 스스로 깨칠 도를 달라고 끊임없이 요구할 뿐입니다. 예수님의 말씀에 사람들이 어떻게 반응하는지 이어서 봅시다.

> 회당에 있는 자들이 이것을 듣고 다 크게 화가 나서 일어나 동네 밖으로 쫓아내어 그 동네가 건설된 산 낭떠러지까지 끌고 가서 밀쳐 떨어뜨리고자 하되 예수께서 그들 가운데로 지나서 가시니라
> (눅 4:28-30)

이스라엘 백성들은 스데반에게도 마찬가지 반응을 보였습니다. 스데반이 어떻게 죽었는지 사도행전 7장을 봅시다.

> 목이 곧고 마음과 귀에 할례를 받지 못한 사람들아 너희도 너희 조상과 같이 항상 성령을 거스르는도다 너희 조상들이 선지자들 중의 누구를 박해하지 아니하였느냐 의인이 오시리라 예고한 자들을 그들이 죽였고 이제 너희는 그 의인을 잡아 준 자요 살인한 자가 되나니 너희는 천사가 전한 율법을 받고도 지키지 아니하였도다 하니라 (행 7:51-53)

스데반이 이스라엘 역사를 설교하는데 그 핵심은 이스라엘 역사 속 어디를 보아도 하나님의 도를 제대로 들은 이가 없고, 하나님의 종에게 마음을 열고 하나님을 영접한 이가 없다는 것이었습니다.

"너희는 언제나 잡아 죽이지 않았느냐? 선지자들뿐만 아니라 나중에는 예수까지 죽이지 않았느냐?" 스데반의 설교는 선지자들과 예수를 죽이지 않아야 했다고 말하는 것이 아닙니다. 우리가 어떤 존재인지를 알려 주는 데 그 메시지가 있습니다. 우리에게 도를 가르쳐 주면 스스로 깨쳐 구원을 얻을 수 있으리라는 망상을 버리라는 것입니다. 스스로 깨달을 수 없는 죄인인 것을 확인하라는 말씀입니다. 그런데 그들의 반응은 어땠습니까?

> 그들이 이 말을 듣고 마음에 찔려 그를 향하여 이를 갈거늘 스데반이 성령 충만하여 하늘을 우러러 주목하여 하나님의 영광과 및 예수께서 하나님 우편에 서신 것을 보고 말하되 보라 하늘이 열리고 인자가 하나님 우편에 서신 것을 보노라 한대 (행 7:54-56)

사람들은 스데반의 말을 듣고 회개한 것이 아니라 오히려 그를 돌로 쳐 죽였습니다. 스데반은 하나님이 그의 편이 되어 하늘을 열어 주시자 하나님을 보고 있습니다. 사람들은 스데반의 말이 틀렸다고 하면서 하나님은 자기네 편이라고 주장합니다. 그러면서 스데반을 죽였습니다. 자기들이 옳다고 우기는 것입니다.

아버지께서 주신 자들

우리도 이스라엘 백성과 다르지 않습니다. 스스로 성경 말씀을 깨쳐 예수를 알게 되어 믿고 구원 얻은 자들이 아닙니다. 우리는 어떻게 믿게 되었을까요? 요한복음 6장으로 돌아가 봅시다. 우리가 감격하고 기쁨을 누려야 할 구절이 여기 있습니다.

> 또 이르시되 그러므로 전에 너희에게 말하기를 내 아버지께서 오게 하여 주지 아니하시면 누구든지 내게 올 수 없다 하였노라 하시니라 (요 6:65)

하나님이 친히 오셔서 말씀을 가르치시고 기적을 베풀어 주셔도 사람들은 알지 못했습니다. 그러나 지금 우리는 알게 되었습니다. '주여 영생의 말씀이 주께 있사오니 우리가 누구에게로 가오리이까'(요 6:68)라는 베드로의 말처럼 우리도 이렇게 고백하는 자들이 되었습니다. 우리가 다른 사람들보다 잘나서 옳고 그름을 구별할 수 있기 때문이 아닙니다. 우리는 아버지께서 보내 주신 사람들이기 때문에 이런 일들이 가능하게 된 것입니다. 37절부터 봅시다.

> 아버지께서 내게 주시는 자는 다 내게로 올 것이요 내게 오는 자는 내가 결코 내쫓지 아니하리라 내가 하늘에서 내려온 것은 내 뜻을 행하려 함이 아니요 나를 보내신 이의 뜻을 행하려 함이니라 나를 보내신 이의 뜻은 내게 주신 자 중에 내가 하나도 잃어버리지 아니하고 마지막 날에 다시 살리는 이것이니라 내 아버지의 뜻은 아들을 보고 믿는 자마다 영생을 얻는 이것이니 마지막 날에 내가 이를 다시 살리리라 하시니라 … 또 이르시되 그러므로 전에 너희에게 말하기를 내 아버지께서 오게 하여 주지 아니하시면 누구든지 내게 올 수 없다 하였노라 하시니라 (요 6:37-40, 65)

하나님이 우리를 지목하사 예수 그리스도에게 '이 사람들을 위하여 네 피를 흘려다오'라고 하신 것입니다. 감격할 일입니다. 스스로 예수를 믿었다고 착각하고 자랑하기 전에 생각해 보아야 합니다. 어떻게 우리는 예수님을 떠나지 않고 육신의 떡이 아니라 생명의 떡을 위해 환난과 핍박을 감수하는 자가 되었을까요? 바로 하나님이 우리를 붙잡아 주셨기 때문입니다.

우리는 어떻게 하나님 앞에 나아갈 수 있게 된 것일까요? 하나님이 예수 그리스도를 이 땅에 보내어 말구유에서 태어나게 하시고 삼십삼 년 동안 이 땅을 걷게 하시며 온갖 고난과 오해와 경멸 속에 마침내 십자가를 지게 하시고 피 흘려 죽게 하시며 마지막에 '다 이루었다'라고 말씀하게 하신 것은 구원하실 자기 백성들을 위한 것인데 그 대상에 우리가 어떻게 포함된 것일까요?

하나님이 우리를 그리스도에게 부탁하사 '이들이 내 자녀이다. 이들을 하늘나라로 불러오고 싶다'라고 하셨기 때문입니다. 그래서 우리가 지금 이 자리에 있는 것이고, 예수 그리스도의 말씀을 꿀 송이보다 달다고 하며 세상 어떤 것보다 더 좋아하는 것입니다. 우리가 하나님에게 붙잡혀 와서 그 말씀을 좋아하는 자들이 된 것을 확인하십시오. 이 복보다 더 큰 복이 없고 더 큰 특권이 없습니다.

잠시 사는 인생입니다. 이미 지나간 시간도 짧고 남은 인생도 금방 지나갈 것입니다. 그러나 우리에게는 영원한 나라가 준비되어 있습니다. 그런데도 우리는 그 나라에서 복 누릴 것을 잊고 이 짧은 인생에서 너무 대접받으며 살고 싶어 합니다. 신자의 자랑과 특권을 모르고 딴 데 한눈팔고 있는 것입니다.

하나님이 아무런 이유 없이 나를 붙잡으셔서 이 자리에 있게 하셨습니다. 여기에 우리의 감사가 있고 담대함이 있습니다. 우리가 빼앗길 것이 무엇이며 안타까울 것이 무엇이며 부러울 것이 무엇입니까? 예수님을 믿고 있는데 세상에서 좀 찢기고 밟히면 어떻습니까? 우리에게는 영생의 말씀이 있습니다. 매일의 삶에서 '아버지께서 내게 준 자들이니라'라는 예수님의 선언을 확인할 수 있습니다. 참으로 감사한 일입니다. 이 기쁨과 감격을 끝까지 누리며 남은 인생을 살아갑시다.

하나님이
완성하시는
우리의
인생

1 그 후에 예수께서 갈릴리에서 다니시고 유대에서 다니려 아니하심은 유대인들이 죽이려 함이러라 **2** 유대인의 명절인 초막절이 가까운지라 **3** 그 형제들이 예수께 이르되 당신이 행하는 일을 제자들도 보게 여기를 떠나 유대로 가소서 **4** 스스로 나타나기를 구하면서 묻혀서 일하는 사람이 없나니 이 일을 행하려 하거든 자신을 세상에 나타내소서 하니 **5** 이는 그 형제들까지도 예수를 믿지 아니함이러라 **6** 예수께서 이르시되 내 때는 아직 이르지 아니하였거니와 너희 때는 늘 준비되어 있느니라 **7** 세상이 너희를 미워하지 아니하되 나를 미워하나니 이는 내가 세상의 일들을 악하다고 증언함이라 **8** 너희는 명절에 올라가라 내 때가 아직 차지 못하였으니 나는 이 명절에 아직 올라가지 아니하노라 **9** 이 말씀을 하시고 갈릴리에 머물러 계시니라 (요 7:1-9)

증명이 아닌 순종

요한복음 7장에 나오는 사건은 '초막절'이라는 명절을 배경으로 하고 있습니다. 그래서 요한복음 7장을 읽을 때는 초막절을 염두에 두어야 합니다. 초막절의 의미를 이해해야 제대로 읽어 갈 수 있습니다.

갈릴리에 계신 예수님에게 동생들이 찾아와서 유대에 올라가 기적을 행하며 자신을 드러내시라고 권합니다. 예수님은 아직 때가 이르지 않았다면서 거절하십니다. 그런 후 나중에 조용히 유대로 올라가십니다. 거기서 자신을 드러내지 않고 숨어 계시다가 초막절 중에 성전에 들어가 논쟁을 벌이십니다.

예수님이 형제들의 요청대로 즉시 유대에 올라가지 않으신 것은 그들의 요청이 예루살렘에 올라가 자기 증명을 하라는 것이었기 때문입니다. 그런데 나중에는 올라가십니다. 자기 증명을 하기 위해서가 아니라 하나님의 뜻을 이루기 위해 올라가신 것입니다. 우리는 예수님이 이렇게 행동하시는 것을 마태복음에서도 발견할 수있습니다. 마태복음 4장을 보면 예수님의 공생애가 시작될 무렵 사탄이 나타나서 예수님을 시험합니다. 돌로 떡을 만들 것과 성전에서 뛰어내려도 다치지 않을 것, 온 세상을 가질 수 있게 해 주겠으니 사탄에게 절할 것으로 시험하지만 예수님은 그 세 가지 시험을 모두 물리치십니다.

우리 생각에는 예수님이 돌로 떡을 만드는 편이 나았을 것 같습니다. 또 성전에서 뛰어내렸는데도 다치지 않고 꼿꼿이 서 계셨다면 많은 사람들 앞에서 능력을 과시하실 수 있었을 것입니다. 그러나 그것은 우리의 생각일 뿐입니다.

예수 그리스도는 하나님이십니다. 스스로 계신 자이며 모든 것의 결정권을 가진 전능하신 분입니다. 돌로 떡을 만드실 수 있을 뿐만 아니라 아무것 없이도 떡을 만드실 수 있는 분입니다. 그런데도 사탄의 제안을 거부하신 것은 그 시험이 예수님의 능력을 시험하기 위한 것이 아니었기 때문입니다. 사탄은 하나님의 일을 이루기 위하여 종으로 오신 예수님과 하나님 사이의 관계를 깨뜨리려고 했던 것입니다. 그래서 하나님과 예수 그리스도를 갈라놓기 위해 '네가 만일 하나님의 아들이어든'이라는 말로 자기 증명을 하고 싶게 하여 예수님을 함정으로 빠트리려고 했던 것입니다. 여기서 만약 예수님이 하나님의 아들인 것을 증명하시려고 기적을 행하셨다면 사탄의 시험에 굴복하게 되는 것입니다.

인간의 죄를 위해 십자가를 지려고 친히 인간의 모습으로 오신 분이 초월적 능력만을 보이려고 한다면 누가 인간의 죄를 대신하여 십자가를 지겠습니까? 예수님은 우리 죄를 위해 죽으러 오신 분입니다. 이것이 복음서에서 강조하는 중요한 내용입니다. 본문 말씀도 이 원리를 모르면 이해하지 못합니다. 예수님이 예루살렘으로 올라가신 이유는 자신을 증명하기 위해서가 아니었습니다. 예수님은 자신의 초월적 능력을 증명하기 위해 세상에 오신 것이 아니기 때문입니다. 예수님은 하나님이 시키신 일만을 목숨 걸고 하려고 하십니다. 요한복음 6장을 봅시다.

> 내가 하늘에서 내려온 것은 내 뜻을 행하려 함이 아니요 나를 보내신 이의 뜻을 행하려 함이니라 나를 보내신 이의 뜻은 내게 주신 자 중에 내가 하나도 잃어버리지 아니하고 마지막 날에 다시 살리는 이것이니라 (요 6:38-39)

예수님은 자기의 뜻을 행하러 온 것이 아니라 자기를 보내신 이의 뜻을 행하러 왔으며, 또 그 뜻을 남김 없이 성취할 것이라는 점을 분명히 하십니다. 그분은 십자가에 달려 돌아가실 때 '다 이루었다'라고 말씀하셨습니다. 예수님은 보내신 이의 뜻을 다 행했기 때문입니다.

그러나 예수님의 동생들은 예수님에게 남다르다는 것을 증명해 보이라고 요구하고 있습니다. 이에 대해 예수님은 거절하십니다. 그런 그가 초막절에 예루살렘에 가신 것은 적극적으로 할 일이 있었기 때문입니다. 그것은 아버지께서 그에게 맡기신 심령들을 살려 내는 일입니다.

레위기 23장에는 이스라엘 백성들이 지켜야 할 세 절기가 나오는데 유월절, 오순절, 초막절이 그것입니다. 본문 사건을 이해하기 위해 먼저 이스라엘 백성들이 지켜야 했던 절기에 대해 알아봅시다.

유월절은 이스라엘 달력으로 정월 14일에 지키는 절기입니다. 이스라엘의 정월은 우리 달력으로 3월 중순부터 4월 중순까지입니다. 그러니 이스라엘의 정월 14일은 우리 달력으로 3월 말이나 4월 초가 됩니다. 오순절은 유월절 이후로 일곱 번의 안식일이 지나고 난 다음 날입니다. 이날은 유월절로부터 50일이 지난 날이므로 오순절이라고도 하고 7일마다 돌아오는 안식일이 일곱 번 지났다고 해서 칠칠절이라고도 합니다. 또 그때가 보리를 추수하는 때여서 맥추절이라고도 합니다. 초막절은 이스라엘 달력으로 7월 15일이니 우리 달력으로는 9월 하순입니다. 이 절기는 추수한 곡식을 저장하는 시기에 지키므로 수장절이라고도 합니다. 오늘의 추석이나 추수감사절 같은 절기입니다.

이 세 절기에는 이스라엘의 모든 남자들이 성전에 모여야 합니다. 예루살렘 성전에 모두 모여 하나님 앞에 보여야 하는 날인 것입니다. 이렇게 일 년에 세 번은 성전에 와야 했습니다. 민수기 9장 13절에 보면 '유월절을 지키지 아니하는 자는 그 백성 중에서 끊어'질 것이라고 나와 있습니다. 이 절기들을 지키지 않는 사람은 이스라엘 백성 중에서 끊어지리라는 저주의 선언이 있을 정도로 이 세 절기는 중요했습니다.

먼저 유월절에 대해 살펴봅시다. 이 절기의 배경은 출애굽 사건입니다. 이스라엘이 애굽의 노예로 있을 때 애굽의 왕이 그들을 해방하여 주지 않자 하나님이 여러 재앙을 내리셨습니다. 그 재앙들 가운데 마지막이 애굽에 있는 모든 장자가 죽는 것이었습니다. 하다못해 짐승들의 첫째까지도 모두 죽었습니다. 그때 이스라엘 백성의 장자들은 살아남았는데, 어린 양을 죽여 그 피를 문설주와 인방에 바르면 심판하러 온 하늘의 천사들이 그 피를 보고 그 집의 장자는 치지 않고 지나갔기 때문입니다. 이것이 유월절 사건입니다.

유월절에는 양을 잡고 유월절 다음 날인 정월 15일부터 일주일간은 무교절로 지킵니다. 무교절은 누룩을 넣지 않은 떡을 먹는 절기입니다. 이 둘은 다른 절기이지만 무교절은 유월절 바로 다음 날부터이므로 유월절과 긴밀히 이어져 있는 셈입니다. 유월절은 감사하고 자랑스럽게 여기며 보내야 할 절기로 하나님이 엄숙히 요구하신 것입니다. 한편, 초막절은 즐거워하며 보내는 절기라고 강조하십니다. 레위기 23장 39절입니다.

> 너희가 토지 소산 거두기를 마치거든 일곱째 달 열닷샛날부터 이레 동안 여호와의 절기를 지키되 첫 날에도 안식하고 여덟째 날에도 안식할 것이요 첫 날에는 너희가 아름다운 나무 실과와 종려나무 가지와 무성한 나무 가지와 시내 버들을 취하여 너희의 하나님 여호와 앞에서 이레 동안 즐거워할 것이라 너희는 매년 이레 동안 여호와께 이 절기를 지킬지니 너희 대대의 영원한 규례라 너희는 일곱째 달에 이를 지킬지니라 너희는 이레 동안 초막에 거주하되 이스라엘에서 난 자는 다 초막에 거주할지니 이는 내가 이스라엘

자손을 애굽 땅에서 인도하여 내던 때에 초막에 거주하게 한 줄을 너희 대대로 알게 함이니라 나는 너희의 하나님 여호와이니라 (레 23:39-43)

초막절에는 즐거워하라고 말씀하십니다. 그런데 초막절은 다른 절기보다 힘든 절기입니다. 다른 절기와 달리 초막에 거해야 하기 때문입니다. 초막절에는 즐거워하라고 하셨는데 의외로 이때에는 집에서 쉬게 되어 있지 않고 밖에서 야영하게 되어 있습니다. 가장 즐거워해야 할 절기인데 다른 절기보다 힘들게 초막 생활을 해야 합니다. 그것도 하루나 이틀이 아니라 일주일 동안 해야 합니다. 즐거워해야 할 초막절을 왜 힘들게 보내야 했던 것일까요? 그 이유를 이해하기 위해서는 먼저 유월절에 대해서 알아야 합니다.

유월절과 초막절

최초의 유월절은 이렇게 행해졌습니다.

그 밤에 그 고기를 불에 구워 무교병과 쓴 나물과 아울러 먹되 날 것으로나 물에 삶아서 먹지 말고 머리와 다리와 내장을 다 불에 구워 먹고 아침까지 남겨두지 말며 아침까지 남은 것은 곧 불사르라 (출 12:8-10)

유월절에 잡은 양은 그날 밤까지만 먹고 남겨 두지 말아야 합니다.

그래서 유월절은 그날 하루에 끝이 나고 무교절이 그다음 날부터 시작됩니다. 고기를 먹는 날은 하루로 끝이지만 무교병을 먹는 날은 그다음 날부터 일주일간 계속됩니다.

> 너희는 이 일을 규례로 삼아 너희와 너희 자손이 영원히 지킬 것이니 너희는 여호와께서 허락하신 대로 너희에게 주시는 땅에 이를 때에 이 예식을 지킬 것이라 (출 12:24-25)

유월절을 어디에서 지키라고 하십니까? '너희에게 주시는 땅'에서 지키라고 합니다. 즉 유월절은 가나안 땅에서 지키라는 것입니다. 출애굽 사건에서 기억해야 할 것은, 이스라엘의 구원은 애굽에서 나오는 것에 그치지 않고 가나안에 들어가는 것으로 완성된다는 것입니다. 하나님이 그들을 애굽에서 끌어내신 것은 가나안에 들어가게 하기 위해서였습니다. 그러니 유월절은 그들이 가야 할 목적지를 미리 내다보게 하는 절기였습니다.

유월절에 무교병을 먹게 하는 것은 최종 목적지인 가나안에서 그들이 곡식을 거둘 것이라는 사실을 전제하는 것입니다. 이렇게 유월절은 하나님이 이스라엘 백성을 애굽에서 꺼내어 가나안에 안착하게 하실 것을, 그들로 하여금 미리 생각하게 합니다. 이처럼 유월절은 구원의 전 과정을 담고 있는 것입니다. 여호수아 5장 10절을 봅시다.

> 또 이스라엘 자손들이 길갈에 진 쳤고 그 달 십사일 저녁에는 여리고 평지에서 유월절을 지켰으며 유월절 이튿날에 그 땅의 소산

하나님은 이스라엘 백성에게 가나안 땅에 들어가서 유월절을 지키라고 하셨고, 그들이 그 명령을 따라 유월절을 지킨 사건이 여기 기록되어 있습니다. 유월절을 지킨 다음 날부터는 그 땅의 소산을 먹게 되어 있습니다. 그래서 유월절은 곡식이 없으면 지킬 수 없는 절기입니다. 유월절은 무교병을 먹어야 하는 무교절과 연결되어 있기 때문에 곡식이 있어야 지킬 수 있는 것입니다. 광야 생활을 하는 동안에는 유월절을 딱 한 번밖에 지키지 못했습니다. 곡식이 없었기 때문입니다. 그들은 정착해서 살지 않고 늘 옮겨 다녀야 했기에 파종할 수 없었습니다. 그들은 광야에서 하나님이 내려 주시는 만나를 먹고살았습니다. 그런데 가나안 땅의 소산을 먹은 다음 날부터는 더 이상 만나가 내리지 않았습니다.

시기적으로 유월절은 봄이고 초막절은 가을입니다. 유월절을 지키기 위해서는 무교절에 먹을 곡식이 필요한데 곡식은 추수감사절이 지나야 얻을 수 있습니다. 즉 하나님이 이스라엘 백성에게 가나안에 들어가서 유월절을 지키라고 하신 것에 추수가 전제되어 있는 것입니다. 하나님이 초막절의 즐거움을 먼저 마련하신 다음 그들을 가나안 땅에 들어가게 하신 것입니다. 이스라엘은 시작 단계에서 결과로 주어질 것을 미리 누리고 있습니다. 그러므로 가나안 땅에 들어가서 유월절을 지키라고 하신 명령은, 이 시작이 결과를 이루어 주실 분의 집념이 담긴 첫걸음임을 나타냅니다.

이스라엘에게 명령이 주어졌으니 한번 해 봐라 하시는 것이 아닙니다. 추수의 기쁨이 기다리고 있는 초막절을 전제로 해야 지킬 수 있는 유월절을 지키라고 명하심으로써 이스라엘의 구원은 결국 완성될 것이라는 하나님의 의지를 보여 주고 있습니다. 이스라엘이 목적지에 도달할 수 있도록 거대한 손이 붙잡고 있다는 사실을 알려 주는 것입니다.

초막절은 어떻게 지키는 것인지 살펴봅시다. 초막절은 누리고 즐기면 되는 절기입니다. 그런데 오히려 이날에는 모든 결실을 수장해 두고 다시 초막으로 들어가야 합니다. 이스라엘은 이 결실을 누릴 자격이 없는데, 하나님이 그들을 위해 결실을 쌓아 주셨다는 것을 분명히 하기 위해서입니다. 즉 결과에 이르렀을 때 다시 처음을 떠올리는 것입니다. 이스라엘이 지금 가지고 있는 것은 그들이 만든 것도 아니고 원래 있었던 것이 늘어난 것도 아니라는 뜻입니다. 그 모든 소유가 그들에게서 나온 것이 아니며 비록 그들이 추수했을지라도 이 모든 것은 원래 그들의 땅이 아닌 곳에서 왔다는 것입니다. 이것을 기억하게 하려고 가장 기뻐할 날에 다시 초막으로 돌아가게 하시는 것입니다.

초막절을 지키면서 이스라엘 백성들은 자신들이 애굽에서 나왔다는 사실을 기억할 수밖에 없었을 것입니다. 또한 하나님은 당신이 시작하신 구원을 이루시고야 만다는 것과 이스라엘이 구원을 얻은 후에 받은 복은 그들이 남과 달라서 받은 복이 아니라는 것을 확인합니다. 요한복음 전체가 이 점을 분명히 하는 데 초점을 맞추고 있습니다. 요한복음 20장 30절을 봅시다.

예수께서 제자들 앞에서 이 책에 기록되지 아니한 다른 표적도 많이 행하셨으나 오직 이것을 기록함은 너희로 예수께서 하나님의 아들 그리스도이심을 믿게 하려 함이요 또 너희로 믿고 그 이름을 힘입어 생명을 얻게 하려 함이니라 (요 20:30-31)

우리는 예수를 믿어서 생명을 얻은 사람들입니다. 그렇다고 '주 예수를 믿으면 구원을 얻는다고 하셨다. 나는 믿었다. 그래서 구원을 얻었다'라는 식으로 너무 간단하게 생각하지 말아야 합니다. 사람들은 구원에 대해 이렇게 말하기도 합니다. '예수를 믿으면 천국에 갑니다. 예수를 믿습니까? 이 시간에 결심하고 영접하십시오. 예수님을 마음에 영접했습니까? 저를 따라 기도하십시오. 자, 당신은 이제 구원을 얻었습니다.' 이 말이 틀린 말은 아닙니다. 그러나 성경은 이보다 더 깊은 이야기를 하고 있습니다. 성경이 초막절 이야기를 하는 것도 바로 그 때문입니다.

유월절에서 초막절을 내다보고 초막절에서 유월절을 상기할 수 없으면, 우리는 성경이 말하는 것 중 아주 큰 부분을 놓치게 됩니다. 은혜 받고 감사하는 방향으로 가지 않고 경쟁하고 자랑하는 방향으로 가기 쉽습니다. 자신은 하나님이 특별하게 여기는 사람이라고 생각하면서 다른 사람과 자신을 구별하게 됩니다.

초막절을 상기해야 하는 이유

다시 요한복음 1장으로 가 봅시다. 요한복음의 시작은 여느 복음서와 다릅니다.

태초에 말씀이 계시니라 이 말씀이 하나님과 함께 계셨으니 이 말
씀은 곧 하나님이시니라 그가 태초에 하나님과 함께 계셨고 만물
이 그로 말미암아 지은 바 되었으니 지은 것이 하나도 그가 없이
는 된 것이 없느니라 그 안에 생명이 있었으니 이 생명은 사람들
의 빛이라 (요 1:1-4)

예수 그리스도의 하나님 되심을 참으로 높이 표현한 기록입니다.
얼마나 장엄한지 모릅니다. 그런데 요한복음이 의도한 이 장엄함은
단지 예수 그리스도를 묘사하기 위한 것만이 아닙니다. 그다음 5절
을 봅시다. "빛이 어둠에 비치되 어둠이 깨닫지 못하더라." 빛과 어
둠의 대조가 나옵니다. 요한복음은 시작부터 빛과 어둠의 대조를
이야기합니다. 하나님의 높으심과 그것을 모르는 인간이 대조됩니
다. 바로 복음이 늘 강조하는 내용입니다. 복음에 대해 이야기할 때
이 두 가지가 항상 언급됩니다. 10절을 봅시다.

그가 세상에 계셨으며 세상은 그로 말미암아 지은 바 되었으되 세
상이 그를 알지 못하였고 자기 땅에 오매 자기 백성이 영접하지
아니하였으나 영접하는 자 곧 그 이름을 믿는 자들에게는 하나님
의 자녀가 되는 권세를 주셨으니 (요 1:10-12)

우리는 이 말씀을 너무 쉽게 생각합니다. 이 말씀은 믿고 영접하면
하나님의 자녀가 된다는 의미만이 전부가 아닙니다. 높으신 하나님
이 빛으로 오셨는데 이 빛을 볼 수 없는 눈먼 사람들 중에서 누군가
예수를 믿게 되었다면 그것은 '혈통으로나 육정으로나 사람의 뜻

으로 나지 아니하고 오직 하나님께로부터'(요 1:13) 났기 때문에 가능한 일이라는 것을 알려 주기 위해 나온 말씀입니다. 물론 12절은 죄인을 생명으로 불러들이는 힘 있는 말씀입니다. 그러나 13절이 핵심이자 결론인 것을 기억하십시오. 우리는 혈통이나 육정이나 인간이 가진 것으로 구원의 조건을 만족시켜 이 자리에 있는 것이 아닙니다. 하나님의 은혜로 이 자리에 있습니다. 이것이 요한복음의 초점입니다.

우리는 어느 날 결단하여 예수를 믿습니다. 그러나 '예, 믿겠습니다. 나의 주로 섬기겠습니다'라고 이야기하면서도 무엇 때문에 그렇게 할 수 있었는지는 잘 모릅니다. 그래서 초막절에 돌이켜 보라는 것입니다. 주일학교 때부터 교회에 다녀서, 또 남달라서 믿게 된 것이 아닙니다. 돌이켜 보면 모두 하나님의 은혜와 집념으로 누리게 된 것입니다.

하나님이 예수 그리스도를 보내 주셔서 우리로 하여금 초막절을 지킬 수 있게 해 주십니다. 그래서 예수님은 초막절에 성전으로 올라가십니다. 절기에 담긴 하나님의 계획과 의도를 이루시기 위해서입니다. 하나님이 절기를 완성하십니다. 그래서 예수님이 예루살렘으로 올라가셔야만 했던 것입니다.

많은 사람이 초막절에 예루살렘에 올라와서 자신은 여느 사람들과 어딘가 다르다고 자랑합니다. 그러나 예수님은 자신을 드러내지 않으십니다. 여기에 요한복음 7장의 핵심이 담겨 있습니다. 마태복음 5장을 봅시다.

내가 율법이나 선지자를 폐하러 온 줄로 생각하지 말라 폐하러 온 것이 아니요 완전하게 하려 함이라 진실로 너희에게 이르노니 천지가 없어지기 전에는 율법의 일점 일획도 결코 없어지지 아니하고 다 이루리라 (마 5:17-18)

율법과 계명은 지키라고 주신 것이 맞습니다. 그러나 한 걸음 더 들어가 이 말씀의 의미를 생각해 보아야 합니다. 율법을 주신 분이 이 율법을 완성하시겠다고 합니다. 율법을 못 지키는 우리의 부족함을 채우시고야 말겠다는 집념과 계획과 의도가 여기 담겨 있습니다.

바로 이런 자리에서 위로를 받습니다. 우리가 언제나 보게 되는 것은 한없이 모자라고 부족한 자신입니다. 절망을 느끼지 않는 신자는 참다운 신자가 아닙니다. 그 절망은 바로 자신을 바라보기 때문에 생겨나는 것입니다. 그러나 우리 눈을 돌려 예수를 바라보면 우리는 우리를 향하신 아버지의 은혜와 긍휼과 사랑이 이미 우리에게 시작되었다는 것과 지금도 한결같으며 앞으로도 계속될 것을 깨닫고 다시 자신 있게 설 수 있습니다.

그래서 우리는 하나님 앞에 엎드릴 때마다 우리 자신이 얼마나 처참한 인생인가를 확인하여 절망하는 동시에 아버지께서 우리에게 이루고자 하시는 일이 무엇인가를 확인하여 은혜로 얻는 담대함과 자랑 속으로 돌아오게 되는 것입니다. 그래서 울다가도 웃는 것입니다. 신자가 말씀을 만나면 그렇게 됩니다.

우리가 하나님 손안에 있다는 것을 기억하기 바랍니다. 그분은 결코 우리를 손에서 놓지 않으십니다. 우리는 지금 유월절을 지키고 있거나 광야를 걷고 있는 중인지도 모릅니다. 초막절을 지키고 있는 사람들도 있을 것입니다. 그러나 누구든 자신과 다른 사람을 비교할 수 없습니다. 우리가 가진 어떤 것도 우리가 만들거나 세운 것이 아니기 때문입니다. 우리가 아무것도 가지지 않았다는 절망이 우리를 좌절하게 하지 못합니다. 하나님이 이루어 내실 우리의 인생이기 때문입니다. 우리 인생을 향한 하나님의 깊은 계획과 전능하신 능력에 항복하고 감사하십시오.

11
———

율법을
지키는
자

14 이미 명절의 중간이 되어 예수께서 성전에 올라가사 가르치시니 **15** 유대인들이 놀랍게 여겨 이르되 이 사람은 배우지 아니하였거늘 어떻게 글을 아느냐 하니 **16** 예수께서 대답하여 이르시되 내 교훈은 내 것이 아니요 나를 보내신 이의 것이니라 **17** 사람이 하나님의 뜻을 행하려 하면 이 교훈이 하나님께로부터 왔는지 내가 스스로 말함인지 알리라 **18** 스스로 말하는 자는 자기 영광만 구하되 보내신 이의 영광을 구하는 자는 참되니 그 속에 불의가 없느니라 **19** 모세가 너희에게 율법을 주지 아니하였느냐 너희 중에 율법을 지키는 자가 없도다 너희가 어찌하여 나를 죽이려 하느냐 (요 7:14-19)

율법을 주신 이유

예수님은 당신의 때가 이르지 않았기에 예루살렘에 올라가지 않겠다고 하셨습니다. 그런데 나중에 은밀히 가셔서 명절 중간에 마침내 자신을 드러내시고 사람들을 가르치십니다. 예수님이 성전에서 말씀을 가르치시자 배운 적이 없는 자가 어떻게 가르칠 수 있는지 사람들이 의아하게 생각했습니다.

이스라엘 백성의 고유 언어는 히브리어입니다. 그래서 구약성경은 거의 히브리어로 기록되어 있습니다. 그런데 이스라엘 백성들은 포로 생활 때부터 히브리어를 쓰지 못해서 예수님 당시에는 국제어인 아람어가 이들의 공용어가 되었습니다. 당시 유대에는 히브리어를 할 수 있는 사람이 드물었습니다. 히브리어를 아는 사람은 종교 지도자들뿐이었습니다. 그런데 예수님이 성전에서 성경을 가르치시자 유대인들은 히브리어를 아는 예수님이 신기했던 것입니다.

더욱이 랍비들 문하에서 배우지도 않았는데 어떻게 성경에 관해 이야기할 수 있는지 놀라지 않을 수 없었습니다.

예수님은 내내 '나는 내 이야기를 하는 것이 아니라 나를 보내신 이의 말을 하는 것이다'라고 말씀하십니다. 본문에서도 예수님은 "사람이 하나님의 뜻을 행하려 하면 이 교훈이 하나님께로부터 왔는지 내가 스스로 말함인지 알리라"(요 7:17)라고 하십니다. 이어서 "모세가 너희에게 율법을 주지 아니하였느냐 너희 중에 율법을 지키는 자가 없도다 너희가 어찌하여 나를 죽이려 하느냐"(요 7:19)라고 하시며 율법에 관한 말씀을 하십니다. 그리고 율법을 안다면서 어떻게 예수님을 죽이려 하는지 물으십니다.

예수님과 이스라엘 백성 간의 심각한 싸움거리 중 하나는 율법 문제였습니다. 이 사건에서도 논쟁의 핵심은 율법입니다. 예수님이 안식일에 병자를 낫게 한 일이 논란거리였지만, 그 논란의 핵심에는 율법에 대한 이해의 차이가 있었습니다. 이 논쟁을 통해 예수님이 우리에게 무엇을 알려 주시는지 생각해 봅시다.

예수님은 율법을 지키는 자를 골라내어 칭찬하려고 오셨습니까, 아니면 율법을 지키지 않는 자를 깨우쳐 지키게 하려고 오신 것입니까? 둘 다 아닙니다. 율법은 하나님이 우리에게 지키라고 주신 명령입니다. 하지만 성경은, 율법을 지킬 수 있는 사람은 없다고 합니다. 율법은 우리를 바로 서게 하지 못하고 정죄하게 만든다고 합니다. 이 같은 성경의 가르침에 항복하는 사람이 없었습니다. 예수님이 굳이 율법을 문제 삼아 유대인들과 논쟁을 하셔야 했던 이유가 바로 이것입니다. 이 문제는 아직도 사람들이 가장 오해하고 헷갈려하고 항복하지 않는 문제입니다.

율법은 구원을 얻기 위해 지켜야 하는 조건이 아니라, 이미 구원 얻은 사람들이 갖는 오해를 바로잡아 주는 것입니다. 그런데도 이스라엘 백성은 율법에 대해 완전히 잘못 생각하고 있었습니다. 오늘 우리도 같은 실수를 하고 있습니다. 율법은 자기 스스로 노력하면 구원이라는 결과를 얻어 낼 수 있게 해 주는 것이 아닙니다. 그런데도 우리는 율법을 말할 때, 우리가 가진 지식과 능력과 열심이 있으면 원하는 결과를 얻어 낼 수 있다는 식으로 이야기합니다. 예수님이 유대인들에게 '너희는 율법을 지킨 적이 없다'라고 하시자 유대인들은 '우리는 지금까지 잘 지켰습니다'라고 말합니다. 그러자 예수님이 지적하십니다. '그런데 왜 나를 죽이려 하느냐.'

예수님의 공생애 말기에 유대인들은 강도였던 바라바 대신 예수 그리스도를 십자가에 못 박으라고 외칩니다. 이보다 더 아이러니한 일은 없습니다. '살인하지 말라'라는 율법을 가진 민족이 죄 없는 이를 살인하는 일에 적극적으로 앞장섭니다. 인간에 대해 이보다 더 날카로운 지적은 없습니다. 예수님은 인간에게 율법을 지킬 능력이 없다는 것을 공생애 내내 보여 주고 계십니다.

율법에 대한 오해

예수를 믿는다는 것은 구원 얻기 위한 조건이 아니라 예수님이 주신 생명을 갖고 있다는 증거입니다. 예수를 믿어서 구원을 얻는 것이 아닙니다. 구원을 얻은 자가 예수를 믿는 것입니다. 예수를 믿는다는 것은 이미 예수 그리스도의 피로 구원 얻은 사람이라는 것을 확인하는 일에 불과합니다. 그리스도 안에서 새 생명을 얻게 된 자는 예수를 믿기 마련입니다. 예수를 믿는 것은 구원 얻는 조건이 아니라, 구원을 얻었기 때문에 필연적으로 주어지는 결과입니다. 성경은 이것을 확인하라고 합니다. 왜 이것을 확인해야 할까요? 율법을 지켜야 구원을 얻는다고 오해하면 은혜가 무엇인지 모르게 되기 때문입니다.

이런 오해에 빠지지 않도록 복음서의 이야기에 귀 기울일 필요가 있습니다. 복음서에는 예수님이 이 땅에 오셔서 십자가에 돌아가시기까지 무슨 일을 하셨는지가 기록되어 있습니다. 이 이야기는 '너희는 예수를 믿지 않고 그의 교훈을 받지 않던 이스라엘 백성들같이 되지 말아라' 하는 의도에서 기록된 것이 아닙니다. 유대인들이 예수님의 말씀을 알아듣고 받아들였다면 예수님은 십자가에서 죽으실 필요가 없었을 것입니다. 그러나 예수님은 처음부터 죽으러 오셨습니다. 이것은 예수님이 죽으시는 것 말고는 우리에게 어떤 해결의 가능성도 없다는 사실을 확실히 알려 줍니다. 이것을 증언하는 것이 복음서입니다. 예수님의 산상설교, 38년 된 중풍병자를 고치신 것, 죽은 나사로를 살리신 것 등 그 무엇에도 인간이 설득되어 구원을 얻는 일은 없습니다.

신앙이 잘못되는 이유 중 하나는 은혜가 무엇인지 이해하지 못하는 데 있습니다. 구원을 얻지 못했다는 말이 아니라 구원과 은혜의 의미를 잘못 정리하고 있다는 말입니다. 본문 사건의 배경이 초막절인 이유도 하나님의 은혜를 제대로 이해하게 하기 위한 것입니다.

초막절은 추수감사절입니다. 일 년 동안 농사지었던 곡식들을 거두어들여 곳간에 쌓아 놓고 기쁨의 절기로 지내는 날입니다. 그런데 이 절기에는 초막을 짓고 그곳에서 자게 되어 있습니다. 무엇을 기억하기 위해서입니까? 우리가 거두고 소유한 것, 또 거하고 있는 집도 원래 우리의 것이 아니라 하나님으로부터 왔으며 우리 역시 다른 곳에서 이곳에 왔다는 것을 확인하기 위해서입니다.

이처럼 신자가 얻는 모든 것들은 자기 자신에게서 나오는 것이 아닙니다. 그래서 신자에게 있는 모든 것을 은혜라고밖에 할 수 없습니다. 그런데도 우리는 믿음을 소유하게 되면 '나는 너하고 달라서 이런 것들을 얻었다'라고 하며 치명적인 오류를 범하게 됩니다. 요한복음 7장 14절부터의 논쟁은 전부 율법의 근거와 결과에 어떻게 이해해야 하느냐로 벌이는 싸움입니다.

예수님은 안식일에 병을 고치셨습니다. 그것은 유대인들에게 율법을 범한 것이 됩니다. 안식일에 일을 했기 때문입니다. 그러자 예수님이 답하십니다.

> 모세가 너희에게 할례를 행했으니 (그러나 할례는 모세에게서 난 것이 아니요 조상들에게서 난 것이라) 그러므로 너희가 안식일에도 사람에게 할례를 행하느니라 모세의 율법을 범하지 아니하려고 사람이 안식일에도 할례를 받는 일이 있거든 내가 안식일에 사람의 전신을 건전하게 한 것으로 너희가 내게 노여워하느냐
> (요 7:22-23)

유대인들이 예수님을 향하여 당신이 하나님의 말을 전하러 온 이가 맞으면 항상 하나님의 뜻에 일치하게 살아야 하는데 안식일을 범했다고 합니다. 그러자 예수님은 '너희는 정말 내가 안식일을 범

한 것 때문에 죽이려 하느냐? 아니다. 너희는 나를 좋아할 수 없는 존재이기에 죽이려는 것이다'라고 말씀하십니다.

유대인의 율법에는 안식일을 지키는 것만큼 중요하게, 할례를 행하는 규율이 있습니다. 할례는 태어난 후 팔 일이 되는 날에 행해야 합니다. 그런데 만약 아이가 태어나 팔 일째 되는 날이 안식일이면 할례를 행하는 율법을 지키느라 안식일을 지킬 수 없게 됩니다. 그래서 예수님이 '너희도 할례를 행하기 위해서 안식일을 범하지 않느냐. 한 병자를 사탄의 권세로부터 놓아준 일은 그것보다 더 중요하고 급한 일인데 안식일에 그 일을 했다고 나를 책잡을 수 있느냐. 너희는 지금 법을 지키려는 것이 아니라 나를 죽이려는 것이다'라고 말씀하십니다. 예수님은 이 논쟁이 사람들의 노여움 때문에 벌어진 싸움이라고 이야기하십니다. 23절을 다시 봅시다.

> 모세의 율법을 범하지 아니하려고 사람이 안식일에도 할례를 받는 일이 있거든 내가 안식일에 사람의 전신을 건전하게 한 것으로 너희가 내게 노여워하느냐(요 7:23)

감정싸움이라고 이야기하시는 것입니다. 그래서 24절에 '외모로 판단하지 말고 공의롭게 판단하라'라고 하십니다. 유대인들은 예수님과 율법에 관해 진지하게 논쟁하려고 한 것이 아니라 율법을 빌미로 예수 그리스도를 죽이려고 하는 것입니다. 그를 미워했기 때문입니다. 이것이 핵심입니다. 율법을 잘 지키는 사람이라면 마땅히 예수를 경배했을 것입니다. 그런데 유대인들은 율법을 지킨다고 하면서 예수를 죽이려고 했습니다.

자기 자랑이 되어 버린 율법

18절을 봅시다.

> 스스로 말하는 자는 자기 영광만 구하되 보내신 이의 영광을 구하
> 는 자는 참되니 그 속에 불의가 없느니라 (요 7:18)

유대인들은 자기의 영광을 취하기 위하여 율법을 사용했습니다. 율
법이 무엇인지 깨닫지 못했기 때문입니다. 로마서 3장을 보면 율법
을 지키는 것으로 자랑할 수 없다는 강조가 나옵니다.

> 그리스도 예수 안에 있는 속량으로 말미암아 하나님의 은혜로 값
> 없이 의롭다 하심을 얻은 자 되었느니라 이 예수를 하나님이 그의
> 피로써 믿음으로 말미암는 화목제물로 세우셨으니 이는 하나님
> 께서 길이 참으시는 중에 전에 지은 죄를 간과하심으로 자기의 의
> 로우심을 나타내려 하심이니 곧 이 때에 자기의 의로우심을 나타
> 내사 자기도 의로우시며 또한 예수 믿는 자를 의롭다 하려 하심이
> 라 그런즉 자랑할 데가 어디냐 있을 수가 없느니라 무슨 법으로냐
> 행위로냐 아니라 오직 믿음의 법으로니라 (롬 3:24-27)

율법과 은혜의 가장 큰 차이는 거기에 자기 자랑이 있느냐 없느냐
입니다. 사람들은 율법을 제대로 사용하지 못했습니다. '나는 지켰
는데, 너는 왜 못 지켰니?' 하고만 있었습니다. 구원 얻는 문제에서
도 마찬가지입니다. '나는 예수를 믿는데, 너는 왜 안 믿니?' 이런

식으로 생각하는 것은 은혜가 무엇인지 모르는 것이라고 지적하십니다. 율법은 자기를 과시하기 위해 사용하는 것이 아닙니다.

예수님은 '너희가 율법을 동원해서 한다는 일은 기껏 율법을 지키는 것과 안 지키는 것을 겉으로 구분하고 그것을 근거로 삼아 잘난 사람과 못난 사람을 구분하는 것이다. 너희는 내가 왔는데도 나와 그 경쟁을 한다. 너희는 율법을 가지고도 은혜를 구하지 않고 누가 더 나은지 비교하는 싸움만 하고 있다. 너희는 결코 자랑할 만한 사람이 아니라는 점을 내가 지적하니 이제 나마저 죽이려 한다'라고 하십니다. 예수님의 말씀대로 바리새인들은 병졸들에게 예수님을 잡아 오라고 합니다. 45절부터 봅시다.

> 아랫사람들이 대제사장들과 바리새인들에게로 오니 그들이 묻되 어찌하여 잡아오지 아니하였느냐 아랫사람들이 대답하되 그 사람이 말하는 것처럼 말한 사람은 이 때까지 없었나이다 하니 바리새인들이 대답하되 너희도 미혹되었느냐 당국자들이나 바리새인 중에 그를 믿는 자가 있느냐 율법을 알지 못하는 이 무리는 저주를 받은 자로다 (요 7:45-49)

아랫사람들이 예수를 잡으러 가서 보니 그는 잡아 올 만한 사람이 아니었던 것입니다. 잡아 오지 않은 이유를 묻자 그들은 지금껏 예수님처럼 말하는 사람을 본 적이 없었다고 답합니다. 그들 눈에 예수님은 그렇게 나쁜 것 같아 보이지 않았던 것입니다. 그랬더니 대제사장들과 바리새인들이 '너희도 미혹되었느냐?'라고 힐난합니다. '우리는 율법을 알기 때문에 그런 사람에 미혹되지 않지만 너희

같이 무지한 것들은 결국 미혹되는구나.' 이것이 인간이 가진 죄성
(罪性)입니다.

죄란 다른 것이 아닙니다. 하나님 앞에서까지 떳떳하고 싶은 마
음입니다. 은혜로 구원 얻고 싶어 하지 않고 하나님에게 줄 것 주고
받을 것 받아 구원 얻고 싶어 합니다. 머리를 땅에 묻고 긍휼과 자
비를 구하는 처지가 되는 것을 싫어합니다. 불신자가 이렇게 행동
하면 이해가 됩니다. 문제는 예수를 믿고도 계속 자존심을 내세우
며 살려고 한다는 점입니다. 예수님이 이런 이스라엘 백성을 향하
여 뭐라고 하시는지 주의 깊게 봅시다. 25절에서 이어지는 논쟁을
다시 봅시다.

> 예루살렘 사람 중에서 어떤 사람이 말하되 이는 그들이 죽이고자
> 하는 그 사람이 아니냐 보라 드러나게 말하되 그들이 아무 말도
> 아니하는도다 당국자들은 이 사람을 참으로 그리스도인 줄 알았
> 는가 그러나 우리는 이 사람이 어디서 왔는지 아노라 그리스도께
> 서 오실 때에는 어디서 오시는지 아는 자가 없으리라 하는지라 예
> 수께서 성전에서 가르치시며 외쳐 이르시되 너희가 나를 알고 내
> 가 어디서 온 것도 알거니와 내가 스스로 온 것이 아니니라 나를
> 보내신 이는 참되시니 너희는 그를 알지 못하나 나는 아노니 이는
> 내가 그에게서 났고 그가 나를 보내셨음이라 하시니 그들이 예수
> 를 잡고자 하나 손을 대는 자가 없으니 이는 그의 때가 아직 이르
> 지 아니하였음이러라 (요 7:25-30)

'너희는 그를 알지 못하나'(요 7:28)라는 말에 유대인들이 화가 나 예

수를 잡으려고 했습니다. 그들이 모르는 게 있다는 지적이 그들을 화나게 한 것입니다. 그들은 예수님의 말씀을 신앙에 관한 문제가 아니라 자존심에 관한 문제로 대하고 있습니다.

신자는 자존심을 버릴 수밖에 없는 사람입니다. 사람에게 있는 그 어떤 것도 예수를 믿는 데 도움이 되지 않기 때문입니다. 오죽하면 사도 바울이 모든 것을 배설물로 여긴다고 했겠습니까. 우리가 가진 것은 쓸데없는 정도가 아니라 오히려 있으면 손해인 것입니다. 예수를 믿는 데 우리가 가진 것 중에 필요한 것이 무엇이었으며, 도움 된 것이 무엇이었습니까?

돈이 많으면 예수 믿는 데 좋습니까? 그렇지 않습니다. 돈이 많을수록 헌금하기 아까워합니다. 똑똑하면 예수 믿는 데 도움이 됩니까? 좋은 신앙을 가진 사람 중에는 똑똑한 사람보다 단순한 사람이 더 많습니다. 왜 예수님은 이 일로 끈질기게 논쟁하실까요? 자존심만큼 우리에게서 뿌리 뽑히지 않는 것이 없기 때문입니다.

은혜를 기억하는 삶

우리는 어떻게 예수를 믿게 되었습니까? 똑똑해서 믿게 된 것이 아닙니다. 예수님이 일으키신 기적 때문도 아닙니다. 오직 예수님이 피 흘려 죽으셨기 때문입니다. 그 외에 우리가 구원받는 방법은 없습니다. 말로 해서 알아들은 사람은 없습니다. 십자가 외에는 다른 방법이 없습니다.

그렇게 구원을 얻고 우리는 조금씩 눈을 뜨게 되어 그리스도 안에 있는 복과 생명과 약속에 대해 알기 시작했습니다. 그러자 조금 더 알게 된 사람이 이제 막 믿게 된 사람을 향하여 과시하기 시작합니다. 자기가 어떤 기초 위에 있는지 모르기 때문입니다. 마치 같은 비행기를 타고 가면서 앞자리에 앉은 사람이 뒷자리에 앉은 사람에게 너는 왜 뒤에 앉아 있냐고 묻는 것과 같습니다.

왜 그렇게 할까요? 은혜가 무엇인지 모르기 때문입니다. 우리는 아직도 자신을 근거로 삼고 자기가 가진 실력 때문에 하나님 앞에 인정받고 있다고 착각합니다. 성경은 우리가 그렇게 예수 그리스도의 십자가 사건을 가볍게 여기고 있다고 합니다.

두렵고 떨리는 마음을 갖기 바랍니다. 교회는 세상 어느 곳과도 다른 곳입니다. 교회에 나오는 사람들은 은혜가 무엇인지를 깨달은 사람들이기 때문입니다. 은혜를 경험했기 때문에 지금 내가 저 사람보다 조금 나아 보인다 해도 그것이 결코 자랑할 일이 못 된다는 것을 압니다. 그것을 알기에 교회에는 용서가 있고 기다림이 있고 인내가 있고 무엇보다도 따뜻함이 있습니다.

그런데도 우리는 은혜를 금방 잊어버립니다. 내가 받은 큰 은혜를 망각하고 자기는 원래부터 남다른 사람이어서 하나님이 다르게 대접하는 것같이 떳떳해합니다. 그러면서 끊임없이 이웃을 누르고 율법을 파기하는 일을 합니다. 이스라엘 백성은 바로 이런 우리의 모습을 여실히 보여 주고 있습니다. 그들은 율법을 잘못 사용해서 스스로 망했습니다. 대표적인 사람이 사도 바울입니다.

그가 하나님을 향한 열심과 정성을 가지고 한 일은 스데반을 죽인 일이었습니다. 스데반을 죽이고 이어 예수 믿는 자들을 잡아 죽이려고 다메섹을 향해 가다가 예수님을 만났습니다. 예수님이 뭐라고 하십니까? '사울아, 사울아 네가 어찌하여 나를 핍박하느냐?' 이 말에 사울이 얼마나 놀랐는지 모릅니다. 하나님을 향한 열심으로 하나님 편을 들려고 한 일이 결국 하나님을 핍박하는 일이었다는 것을 비로소 깨닫게 됩니다. 그래서 그가 남은 생애에 대사도의 직분을 감당하는 자세를 갖게 되었는지 모릅니다.

오늘날 예수 믿는 사람 중에도, 구원을 얻었고 예수 그리스도의 크신 은혜 속에 있음에도 아직 사울처럼 자기 증명을 하려는 열심에 매달리는 사람이 많은 것 같습니다. 왜 그렇습니까? 은혜가 무엇인지 모르기 때문입니다. 자신이 가진 최선의 것들을 모아서 하나님 앞에 드리는 것이 신앙이라고 쉽게 생각하지 마십시오. 우리가 뭉쳐서 드릴 수 있는 것은 아무것도 없습니다. 우리가 해야 할 일은 끊임없이 자기를 버리고 죽이는 작업입니다. '주여, 저는 십자가 밑에서 죽었습니다. 주님 마음대로 저를 써 주십시오'라고 고백하는 것입니다. 우리가 가진 어떤 것도 하나님을 위해서 빛을 발한 적이 없습니다. 하나님의 일에 우리의 도움이 필요하다면서 하나님의 능력을 제한하지 마십시오. 이것이 본문의 지적입니다.

어느 누구도 자신의 힘으로 하나님 앞에 나가 구원 얻지 않았습니다. 이것이 우리를 한없이 겸손하게 하고 항복하게 합니다. 예수를 믿는 사람들 사이에서 경쟁심이 없어지고 화목하게 지내려면 이것이 유일한 해결책이 될 것입니다.

내게로
와서
마시라

37 명절 끝날 곧 큰 날에 예수께서 서서 외쳐 이르시되 누구든지 목마르거든 내게로 와서 마시라 **38** 나를 믿는 자는 성경에 이름과 같이 그 배에서 생수의 강이 흘러나오리라 하시니 **39** 이는 그를 믿는 자들이 받을 성령을 가리켜 말씀하신 것이라 (예수께서 아직 영광을 받지 않으셨으므로 성령이 아직 그들에게 계시지 아니하시더라) (요 7:37-39)

안식일의 의미

예수님이 초막절 마지막 날에 성전에 서서 유대인들을 구원에 초
대하십니다. 요한복음 7장은 배경으로 깔려 있는 초막절에 대해 알
아야 제대로 파악할 수 있습니다. 성경은 초막절이나 유월절, 혹은
오순절 같은 절기에 큰 메시지가 담겨 있다고 가르칩니다. 그러나
요한복음 7장을 보면 유대인들은 절기를 주신 의미를 생각하지 못
한 채 절기를 지키는 데에만 급급합니다. 먼저 성경이 절기에 대해
무엇이라고 이야기하는지 찾아봅시다. 레위기 23장을 봅시다.

이것이 너희가 그 정한 때에 성회로 공포할 여호와의 절기들이니
라 첫째 달 열나흗날 저녁은 여호와의 유월절이요 이 달 열닷샛날
은 여호와의 무교절이니 이레 동안 너희는 무교병을 먹을 것이요
그 첫 날에는 너희가 성회로 모이고 아무 노동도 하지 말지며 너

희는 이레 동안 여호와께 화제를 드릴 것이요 일곱째 날에도 성회로 모이고 아무 노동도 하지 말지니라 (레 23:4–8)

성회로 모일 때 중요한 조건 중 하나는 노동을 하지 않는 것입니다. 특히 7일에 한 번씩 지켜야 하는 안식일에는 어떤 일도 하지 말라고 강조합니다. 하나님이 이스라엘 백성에게 노동하지 말라고 명령하신 것입니다. 이스라엘 백성들이 이 명령에 순종하려면 손해를 감수하고 희생해야 했을까요? 그렇지 않습니다.

절기를 지키는 것은 어떤 결과를 얻게 하는 조건으로 요구된 것이 아닙니다. 하나님은 이 명령을 지키면 어떤 결과를 얻을 수 있기에 절기를 지키라고 하시는 것이 아닙니다. 하나님은 절기를 지키는 것에 대한 대가로 상을 내리시지 않습니다. 절기를 지키는 것은 이미 이루어진 일을 누리고 감사하는 것입니다. 유월절은 하나님이 하신 일을 기념하기 위해 제정된 절기라는 것을 기억해야 합니다. 이 점을 잘 이해하기 위해 먼저 안식일에 대해 알아봅시다. 출애굽기 20장입니다.

안식일을 기억하여 거룩하게 지키라 엿새 동안은 힘써 네 모든 일을 행할 것이나 일곱째 날은 네 하나님 여호와의 안식일인즉 너나 네 아들이나 네 딸이나 네 남종이나 네 여종이나 네 가축이나 네 문안에 머무는 객이라도 아무 일도 하지 말라 이는 엿새 동안에 나 여호와가 하늘과 땅과 바다와 그 가운데 모든 것을 만들고 일곱째 날에 쉬었음이라 그러므로 나 여호와가 안식일을 복되게 하여 그 날을 거룩하게 하였느니라 (출 20:8–11)

안식일에 일하지 말고 쉬라는 것은 희생을 감수하라는 요구가 아닙니다. 일곱째 날에 쉬라고 하는 것은 6일 동안 하나님이 해 놓으신 모든 것을 누리면 된다는 선언입니다. 하나님이 엿새 동안 천지를 창조하시고 사람을 가장 나중에 만드셨습니다. 그래서 인간이 할 일은 이미 다 창조된 피조물을 생육하게 하고 번성하게 하고 다스리는 일뿐이었습니다. 노동을 해서 땀을 흘려야 하는 과업이 아니었습니다. 다달이 과실이 열리고 해함이나 싸움이나 죽음이나 애통함이 없는 곳으로 부름 받은 것이었습니다. '제칠일 안식일'이라는 말은 하나님이 인간에게 필요한 것들을 다 준비하셨다는 의미를 담고 있습니다. 안식일을 잘 지켜야만 나머지 엿새 동안 잘 살게 해 주신다는 뜻이 아닙니다.

그런데 인간이 타락해 버렸습니다. 인간의 타락으로 땅이 저주를 받아 놓이 되고 엉겅퀴와 가시 떨기를 내기 시작했습니다. 이제 하나님은 인간에게 '얼굴에 땀을 흘려야 먹을 것을 먹으리니'(창 3:19)라고 하십니다. 타락한 결과로 형벌 속에 있게 된 것입니다. 그런데 천지를 지으신 하나님이 처음에 약속하신 것들을 남겨 두셔서 엿새 동안은 일해야 먹고살 수 있지만 일곱째 날에는 일하지 않아도 먹을 것을 주겠다고 하셨습니다.

안식일에 일하지 말라는 명령은 우리에게 희생과 절제를 요구하는 것이 아니라 그 자체로 복입니다. 혹시 주일에 일을 하고 있다면 하지 않도록 노력하십시오. 일을 안 하면 이익이고, 일을 해도 이익이 없습니다. 안 해도 되는 일을 하니 본전도 안됩니다.

이스라엘 백성이 출애굽 후 가나안을 향해 가는 광야 생활을 할 때 하나님은 만나를 주어 그들을 먹이셨습니다. 이스라엘 백성들은 매일 아침 나가서 하루 동안 먹을 만나를 거두어들였습니다. 많이 거두어도 하루치이고, 적게 거두어도 하루치입니다. 아무리 이틀 치를 주워도 다음 날까지 남아 있지 않았기 때문입니다. 안식일에는 만나를 주울 수 없으니 그 전날에 이틀 치가 내립니다. 안식일에도 만나를 거두러 나간 사람들이 있었지만 그들은 아무것도 거둘 수가 없었습니다. 나가 봐야 괜히 힘만 들고 손해였습니다. 하나님이 안식일을 지키라고 하신 것은 안식일을 지키면 무엇을 얻게 되기 때문이 아닙니다. 일을 하지 않아도 하나님이 하신 일을 누리고 즐기도록 해 주신 것입니다.

유월절과 기독교의 핵심

유월절도 마찬가지입니다. 유월절은 하나님이 이스라엘을 애굽의 속박에서 탈출하게 하신 것을 기념하는 절기입니다. 그런데 그 절기를 가나안에 이르거든 지키라고 하십니다. 출애굽기 12장에 그 내용이 나옵니다.

> 너희는 여호와께서 허락하신 대로 너희에게 주시는 땅에 이를 때에 이 예식을 지킬 것이라 이 후에 너희의 자녀가 묻기를 이 예식이 무슨 뜻이냐 하거든 너희는 이르기를 이는 여호와의 유월절 제사라 여호와께서 애굽 사람에게 재앙을 내리실 때에 애굽에 있는 이스라엘 자손의 집을 넘으사 우리의 집을 구원하셨느니라 하라 하매 백성이 머리 숙여 경배하니라 (출 12:25-27)

유월절을 지키면 구해 주신다는 것이 아니라 이미 구해 주신 것을 유월절에 기념하라는 것입니다. 이스라엘 백성이 애굽에서 유월절을 지켰더니 하나님이 그들을 구해 주신 것이 아닙니다. 하나님이 먼저 그들을 구해 주셨고 이후 가나안에 가거든 하나님이 구해 주신 것을 기념하라고 하셨습니다. 사건은 비록 애굽에서 일어났지만 절기는 가나안에 도착해서 지키는 것입니다. 가나안에서 절기를 지킬 때에는 이미 일어난 일을 기념하는 것입니다. 그 절기를 지키면 어떤 결과가 따라오는 것이 아닙니다.

본문에서 보듯 '명절 끝날 곧 큰 날'(요 7:37)에 예수님이 사람들 앞에서 크게 외치신 이유는 율법을 지킨다고 자부하는 이스라엘 백성이 오히려 율법을 오해하고 있었기 때문입니다. 그들은 율법을 지켜야만 어떤 결과가 따라온다고 믿었던 것입니다.

지금도 이런 오해가 있습니다. 십일조를 해야 주일을 지켜야 복을 받는다고 생각하는 것은 기독교를 오해하는 것입니다. 기독교와 다른 종교의 차이가 여기에 있습니다. 다른 종교는 스스로 도를 깨치라고 하지만, 기독교는 예수 그리스도를 알아 가라고 합니다. 다른 종교에서는 무엇인가 노력하고 수행한 만큼 종교적 명성을 얻게 됩니다. 그러나 기독교는 다릅니다. 교리를 깨치거나 계명을 지키는 것으로 구원을 얻지 않습니다.

하나님이 먼저 예수 그리스도를 보내 우리의 죄를 씻고 우리를 당신의 자녀라고 선언하십니다. 우리는 눈물 흘리면서 회개한 날에야 비로소 이 사실을 알게 됩니다. 우리가 신자인 것을 확인할 수 있는 가장 중요한 근거는 우리가 교회에 나온다는 사실입니다. 하나님에 대한 감각을 갖게 되어 하나님 편이 되었으니 교회에 나올 수 있게 된 것입니다. 그래서 누가 기독교에 대해 좋지 않은 소리를 하면 그게 맞는 말이어도 기분이 좋지 않습니다. 이제는 하나님 편이기 때문에 교회가 교회답지 않은 것에 화가 나고, 누군가 교회를 멸시하거나 조롱하면 참을 수 없는 것입니다.

기독교가 다른 점이 바로 이것입니다. 먼저 하나님의 자녀가 되어야 계명도 주어지고 신자다운 삶도 생각할 수 있게 되는 것입니다. 그렇게 살아야 신자가 되고 그렇게 살지 않으면 신자가 아니라는 말이 아닙니다. 먼저 하나님의 자녀가 되는 것에서부터 출발합니다. 기독교의 핵심은 이것입니다. '너희는 은혜를 입은 자이다.'

절기들의 절정인 초막절

다시 본문으로 돌아갑시다. "명절 끝날 곧 큰 날에 예수께서 서서 외쳐 이르시되 누구든지 목마르거든 내게로 와서 마시라"(요 7:37). '내게로 오라'라는 말씀이 예수님과 유대인 사이의 논쟁을 촉발합니다. 성경은 언제나 우리에게 예수 그리스도를 알 것을 요구하지만 인간은 언제나 성경의 요구와 다르게 대꾸합니다.

> 아랫사람들이 대제사장들과 바리새인들에게로 오니 그들이 묻되 어찌하여 잡아오지 아니하였느냐 아랫사람들이 대답하되 그 사람이 말하는 것처럼 말한 사람은 이 때까지 없었나이다 하니 바리새인들이 대답하되 너희도 미혹되었느냐 당국자들이나 바리새인 중에 그를 믿는 자가 있느냐 율법을 알지 못하는 이 무리는 저주

를 받은 자로다(요 7:45-49)

율법을 알고 또 지키고 있다고 자부하던 이스라엘 사람들은 사실 율법에 대해 제대로 이해하지 못했습니다. 그래서 예수님은 초막절에 이런 이야기를 하신 것입니다. 초막절을 주신 의미를 생각해 보라고 하십니다.

> 여호와께서 모세에게 말씀하여 이르시되 이스라엘 자손에게 말하여 이르라 일곱째 달 열닷샛날은 초막절이니 여호와를 위하여 이레 동안 지킬 것이라 첫 날에는 성회로 모일지니 너희는 아무 노동도 하지 말지며 이레 동안에 너희는 여호와께 화제를 드릴 것이요 여덟째 날에도 너희는 성회로 모여서 여호와께 화제를 드릴지니 이는 거룩한 대회라 너희는 어떤 노동도 하지 말지니라 (레 23:33-36)

초막절에는 여덟째 날에도 성회로 모이라고 하십니다. 일곱째 날은 하나님이 천지창조를 마치신 것을 기념하는 날이었습니다. 그런데 인간이 타락하자 하나님은 쉬지 않고 구속 역사의 일을 계속하셔야만 했습니다. 새 창조를 하셔야 했기 때문입니다. 요한복음 5장에서 유대인들이 예수님에게 왜 안식일에 일을 하냐고 묻자 '아버지께서 일하시니 나도 일한다'라고 대답하셔서 하나님은 쉬지 않고 여전히 일하고 계시다는 것을 선언하셨습니다. 예수님이 부활하신 것은 안식 후 첫날, 곧 여덟째 날입니다. 여덟째 날에 대한 언급은 또 있습니다. 구약에 보면 나병에 걸린 사람이 다 나았을 때는 7

일 동안 진 밖에서 지내며 정결을 유지해야 했습니다. 그리고 여덟째 날에 제사를 지내고 나면 진으로 복귀할 수 있었습니다. 이처럼 여덟째 날은 '완성'을 의미합니다. 그리고 절기 중 초막절에만 여덟째 날에 성회로 모이라고 하십니다.

유월절이 시작이라면 초막절은 마지막입니다. 유월절은 가나안에 가서 지키게 되어 있는 절기입니다. 유월절을 지키려면, 유월절 다음 날부터 이어지는 무교절에 먹을 떡을 만들 곡식이 필요했습니다. 그런데 광야에서는 씨를 뿌리고 추수할 수가 없었기 때문에 유월절을 지킬 수 없었습니다. 추수는 가나안 땅에 들어가서야 할 수 있기 때문에 유월절은 그곳에 들어가서 지킬 수 있는 것입니다. 추수는 초막절에 합니다. 곧 유월절과 초막절은 불가분의 관계인 것입니다.

그래서 초막절을 지킬 때는 자연히 유월절을 상기하게 되어 있습니다. 가장 풍성하게 수확한 때인데도 초막을 짓고 그 안에 들어가 우리가 거둔 것이 우리로 말미암지 않았다는 것을 확인합니다. 유월절을 상기하며 이 풍성한 추수의 근거와 조건이 나 자신으로 말미암지 않는다는 것을 확인하는 절기가 초막절인 것입니다.

이렇게 초막절은 이미 일어난 일을 누리는 절기입니다. 그런데 요한복음 7장에서 초막절에 유대인들이 예수님과 벌인 논쟁은 무엇입니까? 유대인들은 절기를 지키면 그것이 씨가 되어 결실할 무엇인가를 내놓을 수 있을 것이라 생각하지만 예수님은 이 절기가, 하나님이 우리를 위해 해 놓으신 일이 무엇인지를 확인하게 한다고 하시는 것입니다. 안식일도 마찬가지입니다. 출애굽기 31장을 봅시다.

너는 이스라엘 자손에게 말하여 이르기를 너희는 나의 안식일을
지키라 이는 나와 너희 사이에 너희 대대의 표징이니 나는 너희를
거룩하게 하는 여호와인 줄 너희가 알게 함이라 (출 31:13)

안식일을 지켜야 하는 가장 큰 이유는, 하나님이 이스라엘을 거룩
하게 하는 여호와인 줄을 우리로 알게 하는 데에 있습니다. 안식일
은 하나님이 우리를 향하여 하신 일이 무엇인지를 상기하는 날입
니다. 안식일을 지켜야 하나님이 우리를 거룩하게 하시는 것이 아
닙니다. 신명기 5장 12절을 봅시다.

네 하나님 여호와가 네게 명령한 대로 안식일을 지켜 거룩하게 하
라 엿새 동안은 힘써 네 모든 일을 행할 것이나 일곱째 날은 네 하
나님 여호와의 안식일인즉 너나 네 아들이나 네 딸이나 네 남종이
나 네 여종이나 네 소나 네 나귀나 네 모든 가축이나 네 문 안에 유
하는 객이라도 아무 일도 하지 못하게 하고 네 남종이나 네 여종
에게 너 같이 안식하게 할지니라 너는 기억하라 네가 애굽 땅에서
종이 되었더니 네 하나님 여호와가 강한 손과 편 팔로 거기서 너
를 인도하여 내었나니 그러므로 네 하나님 여호와가 네게 명령하
여 안식일을 지키라 하느니라 (신 5:12-15)

안식일을 지키라는 것은 이미 일어난 일을 상기하라는 것입니다.
애굽에서 이스라엘 백성들을 구한 여호와를 기념하라는 것입니다.
안식일에 이런 메시지가 들어 있다는 점을 기억해야 합니다. 절기
는 하나님이 우리를 향하여 이미 하신 일들을 기념하고 누리는 날

입니다. 그리고 초막절은 그 절기들의 결정판입니다.

주께 구해야 하는 자들

우리는 인과율을 더 좋아합니다. 첫 범죄를 생각해 봅시다. 아담이 선악과를 따 먹어 하나님 앞에서 죄를 범했습니다. 문제는 선악과 자체가 아니라 선악과를 따 먹게 된 이유에 있습니다. 뱀이 와서 '왜 하나님이 선악과를 못 먹게 하는 줄 아느냐? 먹으면 하나님과 같이 될까 봐 금지한 것이다'라고 유혹했습니다. 아담과 하와는 하나님과 같아지고 싶었던 것입니다.

신앙생활을 할 때 신자를 가장 잘 넘어뜨리는 죄의 바탕에는 하나님 앞에서 떳떳하고 싶은 마음이 있습니다. 은혜와 긍휼을 구하고 싶지 않고 내가 한 행위로 떳떳하게 서고 싶은 것입니다. 이것만큼 우리를 유혹하는 것이 없습니다. 마태복음 7장 21절입니다.

> 나더러 주여 주여 하는 자마다 다 천국에 들어갈 것이 아니요 다만 하늘에 계신 내 아버지의 뜻대로 행하는 자라야 들어가리라 그 날에 많은 사람이 나더러 이르되 주여 주여 우리가 주의 이름으로 선지자 노릇 하며 주의 이름으로 귀신을 쫓아 내며 주의 이름으로 많은 권능을 행하지 아니하였나이까 하리니 그 때에 내가 그들에게 밝히 말하되 내가 너희를 도무지 알지 못하니 불법을 행하는 자들아 내게서 떠나가라 하리라 그러므로 누구든지 나의 이 말을 듣고 행하는 자는 그 집을 반석 위에 지은 지혜로운 사람 같으

리니 비가 내리고 창수가 나고 바람이 불어 그 집에 부딪치되 무너지지 아니하나니 이는 주추를 반석 위에 놓은 까닭이요 나의 이 말을 듣고 행하지 아니하는 자는 그 집을 모래 위에 지은 어리석은 사람 같으리니 비가 내리고 창수가 나고 바람이 불어 그 집에 부딪치매 무너져 그 무너짐이 심하니라 (마 7:21-27)

'그날에 많은 사람이 내게 오겠지만 내가 모른다고 할 사람들이 있다. 그런데 그중에는 나를 믿는다고 우기는 사람도 있을 것이다'라고 하십니다. 예수님은 모른다고 하시는데 자기는 예수님을 안다고 우기는 사람이 있을 것이라는 말입니다. 이 구절을 읽다가 우리는 혹시 내가 그런 사람은 아닐까 걱정하기도 합니다. 예수님의 말씀이 무슨 뜻인지 여기 나오는 비유를 잘 살펴봅시다.

　홍수가 나서 무너진 집은 모래 위에 지었기 때문입니다. 홍수가 나도 넘어지지 않은 집은 반석 위에 지었기 때문입니다. '내 말을 듣고 행한 자'와 '내 말을 듣고 행하지 않는 자'를 구분하여 한 사람은 실천했고 한 사람은 실천하지 않았다고 말씀하시는 것이 아닙니다. 예수님의 말씀에 근거를 둔 행위와 예수님의 말씀에 근거를 두지 않은 행위를 구별하는 것입니다. 앞에는 무슨 말씀이 나왔습니까? '주여 저희가 주의 이름으로 귀신도 쫓아내고 능력도 행하고 선지자 노릇도 했습니다'라고 할 때 주님은 '난 모른다. 나는 그런 일을 하라고 한 적이 없다'라고 말씀하신다는 것입니다. 더 앞으로 가 봅시다.

　거짓 선지자들을 삼가라 양의 옷을 입고 너희에게 나아오나 속에는 노략질하는 이리라 그들의 열매로 그들을 알지니 가시나무에서 포도를, 또는 엉겅퀴에서 무화과를 따겠느냐 이와 같이 좋은 나무마다 아름다운 열매를 맺고 못된 나무가 나쁜 열매를 맺나니 좋은 나무가 나쁜 열매를 맺을 수 없고 못된 나무가 아름다운 열매를 맺을 수 없느니라 아름다운 열매를 맺지 아니하는 나무마다 찍혀 불에 던져지느니라 이러므로 그들의 열매로 그들을 알리라

(마 7:15-20)

아름다운 열매를 맺지 않는 나무는 찍혀 불에 던져지게 되어 있습니다. 세례 요한도 처음으로 입을 열어 했던 말입니다. "회개하라 천국이 가까이 왔느니라. 이미 도끼가 나무 뿌리에 놓였으니 좋은 열매를 맺지 아니하는 나무마다 찍혀 불에 던져지리라." 이 말씀을 보고 우리는 단순히 좋은 열매를 맺어야 한다고 생각합니다. 그런데 이 말씀은 좋은 열매를 맺으라고 채근하는 이야기가 아닙니다. 열매 맺는 나무에 대해 언급하신 것입니다.

배나무, 사과나무를 구별할 수 있습니까? 수확기에 열매를 보면 금방 알 수 있습니다. 배가 열리면 배나무이고 사과가 열리면 사과나무입니다. 예수님의 말씀은 하나님의 사람이라면 하나님의 자녀다운 열매가 열린다는 것입니다. 그 나무가 아닌데 그 열매를 맺을 수는 없습니다. 그런데도 사람들은 그 나무가 되어야 하는 것은 생각하지 못하고 열매를 모으기에 급급합니다. 사과를 맺으려고 사과를 사다가 철사로 아무 나무에나 붙들어 매고 있는 셈입니다.

주께서 모른다고 하신 이 사람들은 주의 이름으로 선지자 노릇을 하고 능력을 행하고 귀신을 쫓아냈다고 합니다. 우리 모습 같습니

다. 우리 자신이 바뀔 생각은 하지 않고 적금 붓듯이 계명을 지키고 무엇인가를 쌓으려고만 합니다. 그것을 주를 위한 열심이라고 생각합니다. 안식일을 지켜 드리고 헌금을 해 드린다고 생각하면서, '하나님, 오늘은 그래도 제가 헌금을 이만큼이나 했습니다'라고 하며 우쭐해합니다. 이것은 성경이 요구하는 바가 아닙니다. 성경이 우리에게 가장 먼저 요구하는 것은 어떻게든 좋은 열매를 많이 맺으라는 것이 아니라, 좋은 열매를 맺는 나무가 되라는 것입니다. 그런데 이 일은 우리 스스로는 할 수 없는 일입니다. 그래서 지금 여기에 예수님이 와 계시는 것입니다. 다시 요한복음 7장으로 돌아가 봅시다.

> 명절 끝날 곧 큰 날에 예수께서 서서 외쳐 이르시되 누구든지 목마르거든 내게로 와서 마시라 나를 믿는 자는 성경에 이름과 같이 그 배에서 생수의 강이 흘러나오리라 하시니 (요 7:37-38)

예수님에게 나오는 수밖에 없습니다. 우리는 예수님을 구세주라고 부릅니다. 다른 종교는 인간이 스스로 도를 깨쳐 자신을 초월자의 자리에 세우는 것이라면, 기독교는 제삼자가 와서 우리를 끌고 가는 것입니다. 혼자서는 아무것도 못하는 우리를 그분이 끌고 가십니다. 그래서 예수님이 구세주인 것입니다. 우리를 구원할 자입니다. 우리는 도와 달라는 말밖에 할 수 없습니다. 우리는 우리 자신을 스스로 고치거나 바꾸지 못하기 때문에 주께 구해야 하는 자들입니다. 그래서 '내게로 오라'라는 말씀은 단순히 예수님에게 가는 선택을 하라는 율법적 제시가 아닌 것입니다.

자녀된 것을 누리는 삶

우리는 요한복음 첫 장에서부터, 예수님이 기적을 보여 주시고 가르침을 주시면서도 그분의 목적은 우리를 대신하여 십자가를 지시는 일에 있는 것을 확인했습니다. 이것은 예수님의 변함없는 목표였습니다. 유월절 없이는 초막절도 있을 수 없듯이 예수님의 십자가 사건 없이는 우리가 누릴 구원이 없습니다. 우리가 초막절을 누리고 있다면 하나님이 베푸신 것을 하나라도 누리고 있다면 그것은 갈보리 십자가로 인한 것입니다. 유월절이 있기 때문에 가능한 것입니다. 그래서 성경은 우리가 '나는 다르다'라고 말할 수 없다고 합니다. 우리가 여기 이 복된 자리에 와 있는 것은 우리 힘으로 온 것이 아니기 때문입니다.

세례 요한은 예수 그리스도를 가리켜 '보라 세상 죄를 지고 가는 하나님의 어린 양이로다'라고 했습니다. 예수 그리스도는 유월절 양이었습니다. 하나님의 어린 양입니다. 구원은 언제나 하나님으로부터 옵니다. 우리가 교회에 가는 것은 이미 이루어진 구원에 대한 감사의 표현일 뿐입니다. 하나님이 하신 일을 누리는 것이지 우리가 교회에 가야 무엇이 이루어지는 것이 아닙니다. 그것은 기독교가 아닙니다.

그래서 신자에게는 언제나 감사가 있는 것입니다. 예배로 모이고 헌금하는 것은 어떤 일의 시작이 아닙니다. 우리가 내는 열심이 무엇을 이루기 때문에 교회에 가는 것이 아닙니다. 경배나 찬송은 이미 이루어진 일에 대한 감격 없이 나오지 않습니다. 우리는 복과 기적 속에서 부름 받았습니다. 하나님이 어떤 은혜와 간섭으로 우리를 이 자리에 있게 하셨는지 확인하십시오. 자녀로서 하는 싸움은 그다음에 할 일입니다. 우리가 애쓰는 모든 일이 무엇인가를 얻기 위해 씨를 뿌리는 일이 아니라는 점을 잊지 마십시오.

신자는 하나님의 자녀가 되기 위해 싸움을 하는 것이 아닙니다. 하나님의 자녀이기 때문에 해야 하는 싸움이 있는 것입니다. 하나님의 자녀로서 훌륭한 자리에 가기 위한 싸움을 하는 것입니다. 영광에서 영광으로, 은혜에서 은혜로 나아갈 뿐입니다.

하나님이 당신의 자녀를 낳아 놓고 내버려 두신 적은 한 번도 없습니다. 언제나 그분의 눈높이에 맞을 만큼까지 자라게 하시고 마침내 완성시키실 것이라고 성경은 선언합니다. 바로 그 복이 이미 우리에게 있는 줄 아십시오. 우리가 그것을 누리고 확보할 운명인 것을 확인하여 우리 마음속에 흔들리지 않는 담대함과 감격이 생겨나 우리를 더욱 굳게 세워 가기를 바랍니다.